荊楚文庫

〔宣統〕黄安鄉土志

陳湋 撰

〔民國〕黄岡鄉土志

胡鑄鼎 編

〔民國〕漢川縣繫馬區鄉土志

涂釣 編纂

〔民國〕月山鄉土志

楊廷芳 撰

荊楚文庫編纂出版委員會
湖北人民出版社

荆楚文庫

〔宣統〕黄安鄉土志
XUANTONG HUANGAN XIANGTUZHI

〔民國〕黄岡鄉土志
MINGUO HUANGGANG XIANGTUZHI

〔民國〕漢川縣繫馬區鄉土志
MINGUO HANCHUANXIAN XIMAQU XIANGTUZHI

〔民國〕月山鄉土志
MINGUO YUESHAN XIANGTUZHI

圖書在版編目（CIP）數據

〔宣統〕黄安鄉土志 / 陳漳撰.〔民國〕黄岡鄉土志 / 胡鑄鼎編.
〔民國〕漢川縣繫馬區鄉土志 / 涂筠編纂.〔民國〕月山鄉土志 / 楊廷芳撰.
武漢：湖北人民出版社，2024.12.
ISBN 978-7-216-10930-7
Ⅰ.K296.34；K296.33
中國國家版本館 CIP 數據核字第 2024HE6545 號

責任編輯：陳　典　陳　蘭
整體設計：范漢成　曾顯惠　思　蒙
美術編輯：董　昀
責任校對：范承勇
責任印製：肖迎軍
出版發行：湖北人民出版社（中國・武漢）
地址：武漢市雄楚大道 268 號
電話：(027)87679656　郵政編碼：430070
録排：武漢鑫偉創圖文設計有限公司
印刷：湖北新華印務有限公司
開本：787mm×1092mm　1/16
印張：27
字數：374 千字
版次：2024 年 12 月第 1 版　2024 年 12 月第 1 次印刷
定價：148.00 元

ISBN 978-7-216-10930-7
9 787216 109307 >

出版説明

湖北乃九省通衢，北學南學交會融通之地，文明昌盛，歷代文獻豐厚。守望傳統，編纂荆楚文獻，湖北淵源有自。清同治年間設立官書局，以整理鄉邦文獻爲旨趣。光緒年間張之洞督鄂後，以崇文書局推進典籍集成，湖北鄉賢身體力行之，編纂《湖北文徵》，集元明清三代湖北先哲遺作，收兩千七百餘作者文八千餘篇，洋洋六百萬言。盧氏兄弟輯録湖北先賢之作而成《湖北先正遺書》。至當代，武漢多所大學、圖書館在鄉邦典籍整理方面亦多所用力。爲傳承和弘揚優秀傳統文化，湖北省委、省政府决定編纂大型歷史文獻叢書《荆楚文庫》。

《荆楚文庫》以『搶救、保護、整理、出版』湖北文獻爲宗旨，分三編集藏。

甲、文獻編。收録歷代鄂籍人士著述，長期寓居湖北人士著述，省外人士探究湖北著述。包括傳世文獻、出土文獻和民間文獻。

乙、方志編。收録歷代省志、府縣志等。

丙、研究編。收録今人研究評述荆楚人物、史地、風物的學術著作和工具書及圖册。

文獻編、方志編録籍以一九四九年爲下限。

研究編簡體横排，文獻編繁體横排，方志編影印或點校出版。

《荆楚文庫》編纂出版委員會

二〇一五年十一月

總目録

荆楚文庫

〔宣統〕黃安鄉土志

陳湋 撰

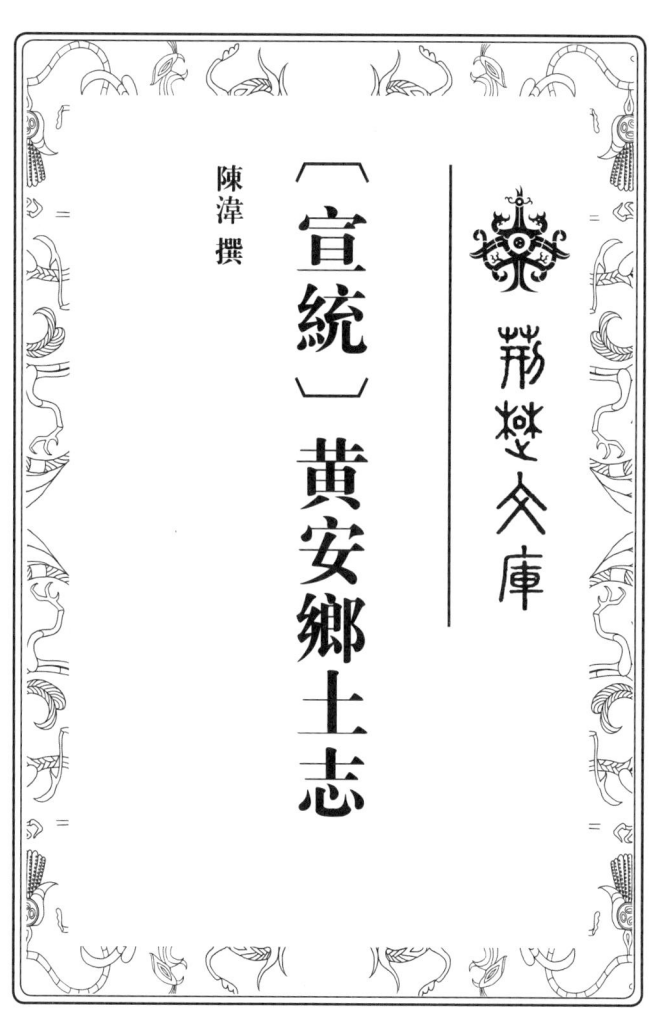

《荆楚文庫・方志編》編纂組

組　　長：賀定安　陽海清（執行）

副 組 長：劉傑民（執行）王　濤　謝春枝　范志毅（執行）

參編人員（以姓氏筆畫爲序）：

王　濤　李云超　宋澤宇　范志毅　馬盛南　柳　巍　陳建勛

梅　琳　張文静　張雅俐　陽海清　彭余焕　彭筱溦　賀定安

楊　萍　楊愛華　雷　静　劉傑民　謝春枝

編　　審：周　榮

顧　　問：沈乃文　李國慶　吴格

前言

《〔宣統〕黄安鄉土志》二卷，陳漳撰。宣統元年（一九〇九）鉛印本。

陳漳，别號辛湄，四川綿州（今四川綿陽）人，光緒戊子（一八八八）中四川鄉試經魁，後歷掌多家書院，張之洞督鄂期間，入幕校訂經籍。戊戌（一八九八）成進士，後赴多地任職，期間襄纂《湖北通志》。辛亥（一九一一）後歸里南街潺亭，著有《潺亭駢散文》四卷、《潺亭古今詩鈔》二十卷和《窳廬詞》一卷傳世。

黄安縣初置於明嘉靖四十二年（一五六三），明清兩代五修縣志，皆有流傳。陳漳早年輾轉多地任職，知鄉土志干係體大，一朝攝黄安縣事，念鄉土志尚未成，遂星夜屬草，商之搢紳先生，閱一期事竣。此志創於清光緒三十四年（一九〇八）二月，成於清宣統元年（一九〇九）一月。分上下兩卷，上卷包括本境歷史、政績録、兵事録、耆舊録、名宦祠、鄉賢祠、人類、户口；下卷包括氏族、宗教、實業、地理、山、水、道路、物産、商務，共八萬二百四十字。

本境歷史一章，概述黄安縣沿革，對舊志訛漏之處多有補正。其他各章也皆重視考證，書末附《西陽考正誤》《西陵辨正誤》《大勝關即大成關考》《仙居縣考》《倒水考》，其餘辯考附各篇内。其人類章篇幅極短小，卻記載有價值信息：『山鄉不少禽獸，農功之暇，獵人什伍入山，以鳥槍擊飛走，合計不止千人。』

《中國地方志聯合目録》《中國地方志總目提要》著録是志，《中國地方志聯合目録》載，國家圖書館、天津圖書館、湖北省圖書館有藏。臺北成文出版社《中國方志叢書》影印該志，紅安縣地方志辦公室《黄安志書集成》亦影印。

兹據湖北省圖書館藏本影印。（楊愛華）

目録

黄安乡土志

上卷

黃安鄉土志叙

賜進士出身同知銜署黃安縣知縣綿州陳湋譔

莊子曰六經者先王之陳迹豈其所以迹哉亦得其意爾矣治經如是歷史何獨不然光緒甲辰冬前楚北提學使瑞安黃仲弢學士奏奉明詔勅直省都邑各編鄉土志湋時在籍奉檄感嘆以爲岷江濫觴河導積石彪蒙養正聖功繫焉州大夫因以志委予會請急將滿謝去比來鄂權篆黃安諗知志尚未成遂浼余午峰學博星夜屬草爲之搢紳先生閱一朞而竣事夫此戔戔

者得歷史之意而已即於楚北通志本郡縣志亦不過略得其意而已然由其意以窺其迹一之而可再有之而可久廣之而可通慮之而可安豈特爲童蒙課本哉左氏品藻楊子輶軒萌柢於茲矣乃爲叙曰光黃接壤古多異人春秋并楚西貢隸荆星霜綿曖訛以郛城旋分左鄙或説西陵理而董之正我廣輪述本境歷史第一　嘉靖建縣經綸草昧斬棘披荆鋒螳斧蜎熙熙春臺富矣庶既易直子諒嚴恭寅畏昭我煒彤以風有位述政績録第二　赤子弄兵佳兵不祥惟楚有材我武維揚少林僧勇太行社彰述兵事録第三　縣建最後

恭篇爲首講學著書皤皤黃耇遠溯天衢近竟春柳士流仰
鏡瓣香斗酒述耆舊錄第四苗爲[illegible]後倭乃周宗天有驕子
何判宸隆近分五種聲教四通女王難致岡廊安多有女王城之名訛爲呂旺意蠻酋故居也
岣嶁不逢述人類第五周書版貢漢計吏偕三五有法言
昌孔諸曾小子涵泳聖涯述戶口第六費著有譜眉山有
亭孝弟仁祖矜覓彝倫甘棠遺芴喬木世臣述氏族第七爰
古譯迦與孔同時道非所道宗魯而歧哀彼二氏耦居勿疑
耶穌天主傳習尚希彬彬古風處湼不淄述宗教第八環球
商戰小邑冉膠懋遷則遠積貯則勞農桑林牧畋茲更調徭

君倡藝本富可襄（徐君自新於省垣創集工業傳習所又試辦農林畜牧公司於本邑）述實業第九絡辨州輿圖審裴秀鴻著雞坊烏亭鶯堠營壘龍圖諸葛繙構鄉棱如林敢爾欽陋述地理第十地本積塊凝而爲山西人攷究下托石盤舒岡布麓蜒蜿眇綿述山第十一山宣水準取象於坎釃渠笮堰其則不遠溉我禾黍上師瀬坂述水第十二經涂環涂爲道爲莊桃花古鎭大將龍驤森輪逵漢示我周行述道路第十三陰陽萬藎傾覆栽培山膚水豢雨轂風胎胡盧石壓甘藷酒醅此爲特產礦石亦賅述物產第十四經毛製筆睒婆紡綿躂躞煎膏浮香達川（花生名躂躞見古今類傳）貨不

棄地功可代天習藝有所君子養源述製造物產第十五漢皋沙市勝算多操駔儈坐賈龜背刮毛開蘇彝士百川灌濠聊備一解告我同僚述商務第十六經典釋文史書糾謬别去讆言豁彼疑竇啟發篇章匠成翹秀少而習焉慎慎懋懋述西陽攷正誤西陵辨正誤大勝關攷仙居山攷倒水攷第十七鄉土志分上下二卷都八萬二百四十言草創於光緒三十四年戊申二月至次年己酉殺青甫竣時宣統元年正月朔日也

黄安鄉土志

黄安鄉土志目錄謹遵原例

氏族
宗教
實業
地理
山
水
道路
物產
商務

本境歷史

黃安介禹貢荊州豫州之交爲春秋弦國黃國之地魯僖公時併於楚僖公五年滅弦十二年滅黃

晉書地理志魏文分汝南立弋陽郡治西陽注故弦子國統志府志黃岡爲邾縣西陽縣地故弦子國府志西陽故城黃岡東南三十里孫家嘴西陽河上紀要縣志皆云黃國地續漢書郡國志弋陽侯國有黃亭故黃國括地志故城在光州定城縣西十里紀要黃城光州西十里按黃安距黃岡光州均二百四十里

戰國時楚徙邾君於邾城統志黃岡縣戰國時滅邾徙其君於此故城在黃岡西北十里地道記同宋書州郡志晉咸康四年毛寶爲豫州刺史治邾城即此

秦併天下置三十六郡屬南郡治江陵晉書地理志六國時其地爲楚秦取郢爲南郡

漢高帝分南郡立江夏郡治西陵西陽安陸鄳屬焉後漢因之

紀要黃州府兩漢爲西陵邾縣地元和志西陵故城在黃岡西二里統志一在岡西北淨縣界縣在今府西北百二十里即新州項羽封吳芮爲衡山王都此縣志黃安漢西陵地統志府志黃安西陽及鄳縣地嘉慶通志同又云黃安兩漢西陵縣志麻城表同又云邾縣漢初省誤紀要黃陂漢邾縣地元和志一統志漢西陵地統志表漢有安陸地誤舊唐書黃岡麻城黃陂俱漢西陵地

三國時魏武以建安十三年盡得荊州之地敗於赤壁吳蜀於十九年分荊州江夏郡入吳其後江夏七郡又屬魏分汝南立弋陽郡治西陽領西陽西陵邾七縣見書晉理志嘉慶通志同又宋書州郡志弋陽太守屬汝南吳志寶鼎元年丁忠說孫皓地曰北方戰守之具不設弋陽可襲而取魏志太和二年滿寵爲豫州刺史備吳襲西陽是也麻城志後入吳仍名西陽屬蘄春郡後又得邾城併入吳志赤烏二年陸遜城邾是也紀要黃陂劉表使黃祖築黃城鎮魏立石陽城統志石陽城在黃陂西吳黃武五年征江夏以五萬衆圍文聘於石陽不克而還即此黃陂志縣北十五里今名西城子府志以爲石城又以爲赤烏二年皆誤

晉仍弋陽郡治西陽統邾西陵七縣見晉書地理志惠帝分爲西陽國封武帝少子羕爲王

南渡後王廢國除仍爲西陽郡屬豫州成帝咸康四年徙南豫州於邾城見宋書州郡志毛寶爲豫州刺史治邾城即此太康元年以邾縣度武昌統志府志黄陂爲灄陽縣晉惠帝時置屬江夏郡宋書州郡志灄陽子相晉惠帝世安陸人朱伺爲陶侃將求分安陸東界爲此縣紀要仍黄城鎮誤

晉太康地志鄳縣度義陽見宋志

劉宋孝武帝孝建元年西陽郡度郢州明帝太始五年又度豫按郢州分荆江二州立治夏口領郡六西陽郡領縣十西陵屬焉省邾縣嘉慶通志同元嘉二十五年以豫部蠻民立建昌南川長風赤亭魯亭陽城彭波遷溪東邱東安西安南安房田希水高坡直水蘄水清石十八縣屬西陽郡大明中析西陽置建甯左郡旋改爲縣省西陽之赤亭彭波併建甯之陽城而以縣屬西陽見宋書州郡志按南安今黄陂新州有碑曰古南安建昌府志表今黄安皆邾縣所改長風故城在麻城西北赤亭故城麻志在縣東府志在麻城西統志北周及唐於麻城置亭州赤亭當以此名水經注舉水又東南歷赤亭下謂之赤亭水宋書豫州蠻西陽有赤亭水蠻九域志岐亭有廢縣攷元嘉所置有赤亭無岐亭意赤亭即在岐亭歟是長風赤亭皆建甯所改也統志建甯故城在麻城西南府志黄安表南宋

以建昌屬西陽郡隸郢州　統志黄陂仍灄陽府志孝武三年分郢縣立保城縣屬義陽郡隸司州

南齊復置南安又置齊安郡（見南齊書及隋書即今新州水經注舉水南過齊安郡西是也府志置齊安於建甯復立爲郡隸司州紀要統志略同）又置安蠻左郡（府志安表）

府志黄陂考以保城屬齊昌郡隸豫州統志灄陽縣地改南司州（紀要漢郡縣地改南司州）

蕭梁置沙州於白沙關城領建甯郡治建甯齊安郡治梁豐析建甯置改建昌爲梁安縣并更安蠻左郡爲梁安郡治兼立北江州治鹿城關領義陽郡又改梁安曰梁興（本魏志及府志）置南定州治蒙籠城（水經注舉水出龜頭山流逕龍戍南梁定州治領弋陽汝陰安定新蔡北建甯諸蠻郡）置湘州治大治關（治一作活）領安蠻郡治新化梁甯郡有灄陽縣（並見魏書地形志）置信安縣又置北西陽城（梁書隋書紀要並同北西陽城在麻西北）又置竹墩麻陽二城（通鑑梁天監二年馬仙琕築竹墩麻陽二城於三關南麻志竹墩城麻西北麻陽即今麻城縣）改南司州爲司州武定七年復改置領齊安郡（正始元年置）領保

城鄖齊安三縣治保城宋置亦見魏志通志安縣梁置沙州置梁安縣爲梁安郡治

府志麻志岐亭爲十八蠻縣之一攷宋志有赤亭無岐亭誤

後魏沙州北江州南定州湘州建寧郡縣齊安郡梁豐縣義陽郡縣梁安郡梁興縣

安蠻郡南司州汝南郡保城縣梁寧郡灄陽縣均仍舊府志安表改梁安曰梁興似誤

北齊於梁安郡縣置湘州廢北江州入之後改爲北江州治鹿城關通志隋同又有

永安義陽二郡統志北江州梁置後齊廢後齊之北江丹非卽汾之北江州也於西陽郡置巴州齊安郡置衡州

隋志統志同建寧梁豐仍舊府志麻城表○舊唐書於黃岡舊城之西南築小城置衡州領齊安郡

麻城志引隋書麻城屬永安郡後齊改衡州開皇中改永安曰黃州攷隋志後齊置衡州開皇五年改曰黃州載永安郡下不載麻城下黃岡云後齊置巴州大業初改永安郡麻城云後周改定州曰亭州又有建寧陰平定城三郡隋開皇初州郡並廢不言置衡州而北齊書文宣帝紀天保十年詔於麻城置衡州又與隋志異統志永安故城在黃岡北曰呂王城一作女王城要之麻城在北齊既置衡州不必屬永安郡隋志改衡州曰黃州改巴州曰永安郡則大業初又有永安也

隋志黃陂後齊置南司州又置廬州紀要

高齊於黃城鎮置南司州及黃陂縣 舊唐書乃後周事紀要似誤

陳廢北西陽置定州建甯梁豐信安仍舊 府志麻城表 北江州永安義陽二郡梁安縣仍舊 隋志木蘭 廢產州 隋志黃陂 又廢巴州衡州 隋志永安郡後齊衡州陳廢通志陳周梁安縣黃岡後齊置巴州陳廢

北周仍北江州梁安義陽三郡 隋志木蘭 改定州曰亭州又有建甯陰平定城三郡 隋志麻城又見統志麻城志 復置衡州 即後齊衡州 弋州 即後齊巴州 統西陽弋陽邊城三郡改南司州曰黃州置總管府又有安昌郡 衡州見隋志永安郡弋州見隋志黃岡黃州見隋志黃陂統志府志麻城志略同 兼置黃陂縣 紀要統志府志略同舊唐書後周於古黃城四十里獨家村置黃陂縣

隋開皇初改衡州曰黃州 隋志永安郡後齊置衡州陳廢陳後周又置開皇五年改曰黃州自是廢黃陂之黃廢為黃岡之黃州矣 并廢南齊齊安郡後周弋州及所統西陽弋陽邊城三郡 隋志黃岡 十八年改南安曰黃岡大業初改永安郡又廢後周亭州建甯陰平定城三郡十八年改信安曰麻城又廢後周黃州總管府仍周置黃陂縣 府志隋改保城曰黃陂 析北江州別置廉城縣 他本俱作鹿城 尋北

江州及永安義陽二郡並廢十八年改縣曰木蘭以上并見隋志又有龍集縣明嘉靖時岐亭築城掘出一碑有龍集縣字巡按唐繼祿蹤岐亭鎮隋唐之龍集縣也隋志不載紀要亦同嘉慶通志木蘭縣開皇初置後更名屬永安郡

唐武德三年復曰黃州置總管府管黃蘄亭南四州黃州領黃岡木蘭麻城黃陂四縣其年廢木蘭入黃岡分黃岡置堡城縣以麻城置亭州又析置陽城縣於黃陂置南司州八年廢亭州南司州省堡城入黃岡省陽城入麻城均屬黃州貞觀元年罷都督府天寶初改黃州爲齊安乾元初仍曰黃州屬淮南道並見舊唐書地理志元和三年省麻城入黃岡建中三年一作大中復置麻城中和五年黃岡徙治邾城府志中和五年徙州治江濱邾縣爲徙舊州即今新州有碑曰古南安括地志邾城在東南百二十里立舊州以指故邾城也一統志邾城在府城西百二十里立今黃州以指故邾縣也

麻城志麻城在唐有仙居縣紀要仙居縣在光山縣西劉宋置樂安縣隋初亦曰樂安天寶初改爲仙居麻志仙居縣爲麻西北界唐今猶存仙居山仙居鄉之名然麻之西北正安境安之仙居鄉析自麻城仙居山正與光山界另有考附後通志唐五代間麻陂三縣地屢入黃岡

五代初爲楊行密所有屬淮南西道繼屬南唐後歸周

宋黃州齊安郡建炎時隸沿江制置副使司領黃岡麻城黃陂三縣見宋史地理志又爲團諫軍見元史地理志

元黃州路至元十三年歸附十四年立總管府十八年又爲黃蘄州宣慰司治所二十三年罷宣慰司領錄事司一黃岡麻城黃陂三縣隸河南江北行中書省

明太祖於甲辰年元至正二十四年改爲黃州二月陳理以武昌降湖廣江西諸郡縣皆降屬湖廣行省九年屬湖廣布政司尋改屬河南二十四年又屬湖廣領州一縣八治黃岡麻城黃陂屬焉嘉靖四十二年以麻城之姜家畈置縣初名新安旋改黃安析岡陂二縣地益之見明史地理志紀要利病書統志府志麻安二志並同麻城人秦鉞李大夏上書言本縣金塲姜家畈接壤黃岡麻城邊隅地近信陽光山羅山等州縣路通牛頭山宰山等砦地僻民頑官難遙制盜賊出沒數被刧掠請於姜家畈建設縣治耿尚書定向甫通籍再三奏記事下巡撫陸杰行司道勘議巡按唐繼祿疏略曰姜家畈屬麻城中和鄉兩河口諸處則屬黃陂畈東桃花則宋元故鎮岐亭鎮則附唐龍集縣也自古兵爭設關置站建立縣治宜在今日乃劃三縣肇置焉　附明史地理志正誤黃岡西北有中和鎮巡司又有鹿城關大活關又東北有陰山關麻城有木陵陰山黃土虎頭白沙大城五關黃陂北有白沙　按中和鹿城今在

黃安大活木陵陰山黃土虎頭在麻城白沙屬光山近黃安北界大城不在黃安實在河南羅山縣南仙花鎮北

本朝因之雍正七年屬北布政使司設知縣一員教諭一員復設訓導一員光緒三十二年裁復設在任仍舊出缺不選中和司巡檢一員黃陂站巡檢一員舊設縣東北四十里雙城鎮乾隆二十七年改駐於此典史一員把總一員外委一員駐黃陂站

黃安鄉土志

政績錄

官本境有惠政以年月先後爲次分興利除害聽訟三大端

林葵雲南大理舉人嘉靖四十三年任縣値新造庶事草創闢荆蓁棘以新縣治爲政方嚴有體成法可守士民德之升慶陽府通判

李講貴州清平舉人嘉靖四十五年任清標坦易綜覈精敏吏胥憚之政務寛平常曰愚民非猾吏比偶犯小過敎戒之足矣營建學宮力爲創畫去之日民謳思之

應存初浙江仙居舉人萬歷元年任初至念民疾苦創條鞭法省一切費風裁肅然豪族不敢以贄通濟修之士每折節焉崇奬節義貧者優給粟帛或置田贍之諸生衣敝履決斥俸以資膏火城堞甚卑增高六尺飾學宮卜潟澤地葺墳壙公署咸以時役民在任三年擢南京大理寺晉刑部主事耿恭簡建德惠祠祀之公請祀名宦祠

黎來王廣東順德舉人萬歷九年任恂雅莊飭以文學濟吏治潔己愛民政平訟理縣建二紀方田均賦功德在民常歌慕之

余相浙江會稽舉人萬歷十一年任置五經性理通鑑諸書於尊經閣嘉惠士林
劉冠南江西廬陵舉人萬歷十六年任涖事明敏值歲祲道殣相望勸捐借貸以賑
存活甚衆仕至貴州憲副
秦煒廣西容縣歲貢萬歷十八年歲大祲民多死徙百計賑恤窮鄉僻壤必躬履焉
救活甚衆流亡復集患萑苻廉得盜名犯必殲之去之日送者相接百餘里予時懋
天啓中由進士任黃州太守
李文芳四川綿州進士萬歷二十三年任強毅嚴明民不敢犯清賦籍節夫馬尤傳
頌不衰邑人立祠於東郊以祀之
向應賢四川遂江進士萬歷四十一年任有吏才遇糾紛立斷錙銖不急之征省無名
之費其去也民立去思碑合祀李文芳祠（祠久圮光緒三十四年復祀於武聖後殿之右）
趙利珍山東滕縣舉人崇禎七年任精明敏決有器識時流寇充斥督兵拒戰親冒

矢石屢捷賊不敢近郊相戒曰光山一籠雞羅山一堆灰莫向黃安走不破麻城誓不歸讐服如此

梁夢卜廣東三水舉人崇禎十六年任縣值賊破勤於撫字殘黎復聚時軍興旁午以書諭山砦無不流涕急轉輸甲申都城失守邑北草寇蠭起索犒師卜曰不往逆之來殘丸邑能抗封豕乎曉以大義莫敢加害時官兵毒倍於賊肆屠掠噉人尸卜聞三日哭不食當倥傯時猶校童試拔張太史希良第一王紫茹第二其藻鑑如此

蕭世賁北直大興進士順治七年任政尚嚴明務崇大體奸民嚴正中向有惠廖國楨等煽惑奴僕結黨畔主揮戈於市迫官印約退身賁令紳耆盧爾愷吳晉盧獻臣等合呈詳辦定大辟十八人渠魁先斃於獄冠履復正尤留心積弊申詳平政均米便民事未竣以計典罷宦橐蕭然士民贈送將行攀留擁阻不得前者旬日

楊之琳陝西西安舉人順治十年任清廉坦易明恕精嚴吏怵其威不敢舞文弄法

而政尙寬平愛民又如子繼而之後多有阻撓平政者力持其議毅然舉行邑人至今戴之

蕭恒陝西三原進士順治十五年任政尙嚴明發奸摘伏人莫欺壬寅西山之役（攻邑志兵事順治十九年無事不知所指）軍需旁午衆皆倉皇驚懼恒委曲調劑咄嗟立辦卒以不擾勤課士賞識者捐廉刋之終任七年無一上控後升邛州刺史

張一躍北直樂平貢士康熙四年貢政尙寬而馭下嚴胥吏憚之學宮久頹捐五百金爲倡衆勸殷富輸助公暇親督工役修理煥然改觀後升貴州黃平知府

徐秉仁遼東舉人康熙十二年任時吳逆叛疆場多故芻茭餱糧皆取辦於官不以煩民邑北有羣小竊發率義勇往平之歲大祲發粟賑飢存活無算在官五載卒官槀蕭然邑人賻助泣送之

王雲明河南西華舉人康熙二十一年任操守端方崇奬正學甫下車凡無名經費

悉裁革之奸民李某廉得其實械繫之獄稱神君焉雅不好浮屠禁釋氏不得與市民相雜遝諸生有文行兼優者殊禮遇之進士何通廩生盧糺慈皆其所取士也張國柱遼東監生康熙二十二年任政尚寬平征輸不事敲扑凡所興作悉捐俸爲之二十七年裁兵夏逢龍倡亂劣生李宗瑚奸民黃公九等以公事銜恨勾連汛兵詐傳僞檄襲城民盡逃散柱佯爲懷印請救因集衆屯打鼓墩收合義勇入城擒剿無遺事聞上盡嘉奬任歷九載始終一致人咸戴之升甯羌州刺史

吳象寬山東海豐進士雍正三年任以化民善俗爲務朔望宣講

聖諭委曲開導捐修學宮置祭器於人才多所造就值歉親歷各村勸賑遠者計口授米近者設廠煮粥存活萬計邑界光羅盜賊出沒嚴捕務清保甲諸遊閑者籍而時懲之性明決事無鉅細立予剖分奸蠹無所施善催科絕請託鋤奸宄禁刁唆城垣義學社倉率修葺之

孫文驊四川綿州廩貢嘉慶五年任性明敏詞訟不煩言而決剔弊鋤奸民懷吏畏修城以保衞民生建保赤堂以救溺女善政極多口碑今猶載道也

許賡藻浙江孝豐舉人道光二十四年任明達果決勤於任事在任最久士民欽服安立縣三百餘年向無試院籌款二萬三千餘緡購地建置費一萬五千餘緡下存八千餘緡撥作賓興城工試院工堅料實完固如初咸豐二年粵逆自湖南下竄十一月陷漢陽十二月陷省城聞警亟召城鄉紳耆議團防規初定而賊竄江南藻亦調署黃陂九月回任力辦團練屢戰皆捷事聞奉 旨升署黃州府兼攝安邑事四年九月督勇剿賊黃郡五六兩年克復黃岡蘄水廣濟黃梅等城升宜昌知府近數十年稱賢令以藻爲最云

林基山東歷城拔貢咸豐七年同治五年兩任督辦團練保衞良多勞心撫字士民贈澤被花封額

揚宗時江蘇陽湖供事咸豐八年任時邑經寇禍屍骸枕藉時殮收之新衙署修碉堡次第就理寛厚鎮撫民生以安

江世玉江蘇上元貢生同治元年十二月任政務寛平興利除害畢竭心力每折獄明慎用刑而無留滯人頌神明焉邑故接豫壤向未置郵賊至不及知城圮不可守乃創立保安局探賊情嚴守備民賴以安格於吏議數月去任民如失慈父母相約冒雪詣省乞留大府令留辦團練於是修城濠編保甲築城外女牆避賊者得暫棲止四鄉行堅壁清野法守望相助野無可掠二年三月賊踞麻城之料棚窺安玉曰賊擾且囂可擊也遂率團勇與賊戰殲其渠斬獲無算餘賊遁留安數月訟獄者不之新尹而之公得一言兩爭皆釋其爲安民愛戴如此

文齡蒙古貢生同治二年任清慎勤明愛民育士頻年捻匪竄境督鄉城士民固守捐廉一千九百餘緡餉軍安邑守城此其始也

魏輔宸四川大甯增生同治十年任治事明敏案無留牘修學宮葺城垣尤勤訓課
士民愛戴

徐龍雲直隸任邱舉人同治十一年任愛民息訟惠政多端朔望宣講
聖諭反覆詳明愚民以化

慶明滿洲監生同治十二年任才守兼優寬以御衆

王葆脩安徽英山進士刑部主事同治十三年任勤政愛民崇儒重士籌辦卷費賓
興士林賴之

諸鑣浙江錢塘監生光緒元年任慈惠愛民士庶悅服

淩心垣四川宜賓進士光緒五年任折獄如神民懷吏畏創修三鄉豐豫倉凶荒有
備

陳瑞瀾湖南湘鄉拔貢光緒七年任愛民如子執法如山摘伏發奸興利除獘積穀

團防賓興辛勤籌辦而作育人才尤孜孜不倦

胡承組安徽六安州監生同治八年任寛厚清廉知人善任剔弊鋤奸勸良息訟

柴鍾嶽四川巫山監生同治八年任辦事勤能審斷明決洞悉情弊人不能因緣爲奸寛猛兼施民懷吏畏培學校籌膏火意尤篤至

陶大夏河南新野進士光緒八年任吏治明練勤於興作寇亂之後諸多廢壞試院城垣文昌廟武廟城隍廟龍王廟火神廟奎樓次第修復而於豐豫倉積穀保赤堂育嬰尤惓惓云○後會生存概不一載

曹輅天長歲貢萬歷元年教諭性磊落具人倫冰鑑以文課士多所成就尤仗義好施貧士咸德之以下教職

劉允祚湖南衡陽舉人萬歷十一年任首敦行誼奬掖多方與諸生商搉文藝談經論道終日不倦斤斤自好不計脩贄惟以名教爲己任

黎汝讃河南羅山舉人萬歷四十七年任剛方正直師道自任羅界近安且爲師儒久得悉蠹胥弊竇後署安令取巨蠹寘之法餘榜示不用稱師道尊嚴必曰黎師

國朝盧如參應城舉人康熙五年任端方戇直熟精傳註司鐸九年修學宮淑齋舍課生徒以師道自任卒後蕭然四壁賻助以歸

王顯奇沔陽舉人康熙十九年任厚重端凝規行矩步家素裕不取足於餼脯且散千金以周寒士

龔璋蒲圻舉人康熙二十九年任淹博工詩文善書心氣和平取與廉潔士敬愛之

楊覲光雲夢舉人同治七年任望重學深取不苟得善氣迎人議修尊經閣續邑志與有力焉

彭焱孝感歲貢康熙十七年任訓導工詩能文教授生徒多所成就貧士尤感其德六年卒止存圖書數卷士賻以歸

梁正興湖南石門監生嘉慶十三年任雙城巡檢老成練達在任十年靜鎮不擾年老去官民祖餞者載道今猶謳思不置

李隆發湖南鄒縣吏員咸豐八年任中和巡檢認眞辦公勤能夙著胆略最優時捻逆頻擾督團紳率勇堵截終始奮勉建修砦堡勞頓不辭事　聞保薦卓異

周天造福建莆田吏員嘉靖四十三年任典史邑方新造城池不足防盜賊公署不足蔽風雨佐令襄事鳩工經理集百姓比屋以居招商賈使通貨財漸成闤闠熙熙攘攘至今享其利焉

以仁浙江會稽供事嘉慶元年任官十八年修城勸賑堵匪多著勤勞才敏捷善解邑人德之有大化小小化無之稱

黄安鄉土志

十

兵事錄

東漢順帝永和二年八月江夏盜賊殺鄂長後漢書順帝紀按鄂縣即今新州注言在復州竟陵誤

吳赤烏四年陸遜取魏邾以吳三萬戍之府志云吳志陸遜傳

按吳志陸遜傳幷無其文惟孫權傳赤烏四年秋八月陸遜城邾不知府志何据

魏太和二年滿寵領豫州刺史三年春降人稱吳大嚴揚聲欲詣江北獵孫權欲自出寵度其必襲西陽而爲之備權聞之退還魏志滿寵傳

晉大興初陶侃爲武昌太守時天下饑荒山夷多斷江刼掠侃令諸將詐作商船以誘之刼果至生獲數人是西陽王羕之左右侃即遣兵逼羕令出向賊侃整陣於釣臺爲後繼羕縛送帳下二十人侃斬之自是水陸肅清晉書陶侃傳

咸和五年郭默叛司徒王導以默爲江州刺史驍勇難制陶侃使西陽太守鄧嶽等將西陽之衆討默默戰不利入城固守默將宋侯縛默及子出降侃斬之資治通鑑

咸康五年毛寶爲豫州刺史與西陽太守樊峻以萬人守邾城石季龍惡之乃遣其子鑑與其將夔安李菟等五萬人來冦張貉渡二萬人攻邾城寶求救於亮亮以城固不時救城陷寶峻等率左右突圍出赴江死者六千人寶亦溺死 晉書毛寶傳

宋元嘉二十八年西陽蠻緣江爲盜冦西陽蠻有巴水蘄水赤亭水西歸水希水謂之五水蠻所在並深阻種落熾盛歷世爲盜賊北接淮汝南極江漢地方數千里殺南州令劉臺並其家口時亡命司馬黑石廬江叛吏夏侯方進在西陽五水煽動羣蠻太祖遣步兵校尉沈慶之率荆江雍豫諸州兵討之使武陵王駿總統衆軍三十年正月世祖出次五洲總統羣帥慶之從巴水出至五洲諮受軍略柳元景率所部進西陽會伐五水蠻世祖初元西陽蠻田益之義之田光興成邪財等起義攻郢州克之四年西陽五水蠻復爲冦慶之以郡公統諸軍討之攻戰經年皆悉平定獲生口數萬人 宋書南史

按赤亭水卽舉水水經注舉水經赤亭下又分爲二水南流注于江謂之舉口

南對舉洲紀要西歸水麻城西北當是潙水

齊中興二年遣軍主吳子陽率衆取三關魏東豫州刺史田益宗遣光城太守梅興之率步騎四千進至陰山關南八十餘里據長風城逆擊子陽斬獲千餘級梁建甯太守黃天賜築城赤亭復遣其將黃公賞屯于漴城與長風相持益宗使安蠻太守梅景秀爲之犄角擊破天賜獲其二城 魏書田益宗傳

世宗遣鎭南元英攻義陽益宗遣其息魯生領步騎八千斷賊粮運并焚其鈞城積聚衍戍主趙文舉率衆拒戰魯生破之獲文舉及小將胡建興古皓莊元仲等斬五千餘級溺死千五百人倉米運舟焚燒蕩盡後賊甯朔將軍楊僧遠率衆二千寇逼蒙籠益宗命魯生與戍主奇道顯逆擊破之追奔十里俘斬千餘 同上

按梁立北江州治麗城關鎭義陽郡治義陽置南定州治蒙籠城攻鹿城關安

地蒙籠城麻地府志長風故城麻邑西北建甯故城麻邑西漴城未詳然與長風相持當亦不近

梁天監二年魏長風戍主奇道顯取梁陰山白橐二戍綱目

三年遣豫州刺史馬仙琕永陽戍主陳可等率衆一萬於三關南六十里因山起石名竹墩遣輔國將軍濟陰太守薊沛以精兵二千戍之後於關南四十里麻陽舊柵起城仙琕輕騎東西爲之節度關南之民多懷觀望魏郢州刺史司馬悅令西關統軍諸靈鳳掩擊敗之盡燔其城樓儲蓄擒薊沛及其軍主諸靈秀魏書司馬悅傳

附西陽蠻考南史蠻和帝永元末巫蠻反討平之徙置江夏爲西陽蠻按西陽郡分江夏郡立晉懷初西陽夷始寇江夏自是蠻禍日熾宋元嘉末江州刺史武陵王駿討西陽蠻二十五年以豫部蠻民六十八縣亦爲赤亭蠻而西陽五水之一水經注赤亭水即舉水梁天監十三年司州蠻田魯生及弟魯賢超秀來降以魯生爲北司州刺史魯賢爲北豫

州刺史超秀爲定州刺史（魏收志南定州治蒙籠城領弋陽汝陰安定新蔡北建寧諸蠻郡）十四年超秀復以定州降魏後復入梁大寶初定州刺史田祖龍欲以州迎邵陵王綸不果陳大建五年田龍升以州叛降齊詔周炅討平之於是盡復江北之地　按十八蠻縣及赤亭蒙籠北司南定西陽詳見各部

五水附考　紀要圻州五水在州北水經注圻水出圻春北山首受浠水枝津西南流歷圻山出蠻中其間有五水五水者巴水（即巴河）圻水浠水（出英山）赤亭水（即舉水）西歸水也蠻戶憑阻山川世爲抄暴宋元嘉二十九年西陽五水羣蠻反自淮汝至江沔咸被其患沈慶之討平之西歸水或曰在麻城西北圻山即大浮山（圻州東北六十里）五水蓋盡圻黃北境矣

按西歸水在麻城西北正黃安境界河東南入舉水注于江與西歸之名不合惟灄河中流曰西河赤亭四水俱東流此獨西流其爲西歸水決矣（官倉河之水出老山老山會田

姓竇田益宗之裔也

梁天監三年魏人圍義陽司州刺史蔡道恭抗禦百餘日斬獲不可勝計魏軍憚之會道恭疾篤呼從弟靈恩及諸將佐謂曰汝等當死守固節無令吾沒有餘恨遂卒靈恩代守魏人聞之攻益急梁遣將軍馬仙琕救之轉戰而前兵勢甚銳元英結壘士雉山即信陽州西北大木山分命諸將伏於四方示之以弱仙琕乘勝直掩英營英僞北以誘之至平地縱兵擊之統兵傅永擐甲執槊突陳橫過梁兵射永洞其左股永拔箭復入仙琕敗走永復以諸軍追之仙琕盡銳決戰一日三交皆大敗而返靈恩勢窮遂降魏注梁於南義陽置司州移鎭關南治鹿城關隋木蘭縣唐省在今黃安地通鑑

普通八年夏侯夔自西陽武昌二郡太守遷司州刺史卒壯武將軍裴之禮直閤將軍任忠祖出義陽道攻平靖穆陵陰山三關克之太淸三年東魏取梁司州梁書夏侯夔傳及通鑑

承聖元年魯悉達以平侯景功授北江州刺史初梁末江東饑亂扶風人魯悉達糾合鄉人以保新蔡力田蓄穀民携老幼歸之悉達分給廩糧全活甚衆使其弟廣達將兵從王僧辯討侯景景平以悉達爲刺史 通鑑

陳大建五年西陽太守周炅隨吳明徹北討所向克捷齊遣尚書左丞陸騫以衆二萬出自巴蘄與炅相遇炅留羸弱輜重設疑兵以當之身率精鋭由間道邀其後大敗騫軍虜獲器械馬驢不可勝數進攻巴州克之於是江北諸城並誅渠帥以城降進炅散騎常侍追炅入朝初梁定州刺史田龍升以城降陳陳以爲鎭遠將軍定州刺史封赤亭王及炅入朝龍升以江北六州七鎭叛入於齊齊遣歷陽王高景安帥師應之於是令炅爲江北道大都督總統衆軍以討龍升龍升使弋陽太守田龍琰帥衆二萬陣於亭川高景安營於穆陵陰山爲其聲援龍升引軍別營山谷炅乃分軍各當其軍身率驍勇先擊龍升龍升大敗龍琰望塵而奔並追斬之高景安遁走

盡復江北之地陳書周炅傳

宋開慶元年八月元世祖入大勝關次黄陂得宋沿江制置榜有云今夏諜者聞北兵會議取黄陂民船繫杙出陽邏堡以渡會於鄂州世祖曰此事前所未有願如其言辛丑晦師次江北元將 文炳下臺山寨

世祖伐宋至臺山砦命董文炳往取之文炳馳至砦下諭以禍福不應文炳免冑呼曰吾所以不極兵威者欲活汝衆也不速下命屠砦矣守者懼遂降元史董文炳傳

鄭鼎從世祖南伐初破大城關大城一作大勝繼攻臺山砦擒其守者胡知縣元史鄭鼎傳

元至正十一年羅田徐壽輝兵起又名貞一業販布袁州僧彭瑩玉以妖術與麻城鄒普勝聚衆爲亂用紅巾爲號奇壽輝狀貌推爲主九月陷蘄水及黄州路敗威順王威徹不花遂即蘄水爲都稱皇帝國號天完建元治平以普勝爲太師倪文俊爲丞相明年江浙平章政事卜顔帖木兒等討壽輝於蘄水破之壽輝走免獲其官屬

四百餘人已而復熾遷都漢陽爲其丞相倪文俊所制十七年文俊謀弑壽輝不克奔黃州陳友諒隸文俊麾下數有功爲領兵元帥遂乘釁殺文俊（明史徐壽輝傳　黃安志雙城塏邑北三十里元季徐壽輝倡亂僞相鄒普勝馮瑄佐之北打鼓嶺南繫馬沖皆因名塏其所建也）

崇禎七年正月元日城中男女驚逃三日乃還冬流賊至八年正月有賊數萬來寇焚殺甚慘十年春流賊至十三年復至（以下縣志）

十五年秋七月革里眼率衆萬餘襲城破之大焚殺市井爲墟十六年正月革里眼復陷城踞城數月

國朝順治元年奸民夏嗣伯等結朋入會大肆摽掠里人張五敦王獻臣集鄉勇勦平之

五年王俊公等倡亂脅擧人盧希儲降不從殺之屠其村提督柯永盛討平之

八年奸民張中正向有惠廖國楨劉若愚等煽惑奴僕結黨叛主揮戈橫市邑紳盧爾慥賓化芳吳晉王獻臣集勇勦平之

康熙十三年羅山奸民譚以從等嘯聚仙居山知縣徐秉仁遣舉人盧爾恺率子生員統慈及生員李之璉張守瓊諭降之置賊家口於北關外給米布尋解豫省安插二十七年夏督標裁兵夏逢龍叛陷省城本邑亂民李若謙等勾連叛兵宋二詐置僞官民盡逃散知縣張國柱儒學劉國購及紳耆等率鄉勇殲之以上縣志

嘉慶二年教匪齊王氏姚之富等焚河南仙花鎮逼近安界監生熊之炅集鄉勇禦之相持三月賊不得進適大雨賊自土脊嶺蜂擁至焚熊家河村落殆盡之靈陣亡賊乘夜南掠圖竄麻城界河水暴漲不能渡旋撲安城知縣王承銓偕紳民雨夜登陴賊知有備又提督慶成大兵躡其後遂竄羊角會横城縣志作坡空而去餘黨百餘人擾華家河等處鄉勇勦捕無存者亂乃平府志縣志

咸豐三年六月二十六日大股粵逆由仙花鎮竄入境一宿去唐藩司樹義敗之竄岐亭沿河掠取竹簰將由鵝公頸出江都司董玉龍同知伍愷張曜孫殲之殆盡都

司許連城擊賊馬鞍山敗之府志又邑志唐方伯統兵駐城中遣隊追至朱埠戰於鄭家河逆至馬安山竄江南

四年二月初五逆酋李三元由岐亭竄河口二十六日由河口竄至縣越日往朱埠賊有右西鄉九龍冲者韓吳二姓集衆禦之爲所敗屋被焚賊駐河口時黃祥畈黃姓督衆往勦亦敗賊追敗勇沿路焚民房甚多黃姓屋亦焚三月初一日賊數百由黃陂竄至城燬縣署折學宮是日另股賊數百由河口竄至河漢會鄭家田初二日華會西張家同金姓楊姓暨呂會鄉勇合勦無一漏網者初三日竄城之賊被大有會殲盡其時駐東鄉長竹山西鄉馬家龍者悉聞風遁初八日知縣許賡藻督勇勦賊河口斃數百人焚七十餘舟四月十五日賊數千竄踞縣城十六日賊衆北出焚掠義會下李態村十七日李姓集勇禦之賊復入城閉守十八日又同鄉勇僧兵共十數萬環城攻之夜半鄉勇緣木登城賊殺先登僧四人擲首於外勇見愈奮火攻北門十九日賊逸出衆追之殺三千餘人奸民某恃凶惡兄弟句賊駐本灣十七

日奸民先歸五月大有徙義等會督勇往擒奸民又遁衆焚其居團練益急府志四月賊自廣陽竄黃安之南沙河團勇勦擊大敗之河南巡撫鄭敦謹上其功 上命總督台湧傳旨嘉獎遂邀義民旗之 賜六月賊突至城外東南近鄉燬演武廳燒民房甚多遇八郎殺半日郎去鄉勇追之不及縣志義民紀略云殺賊三千餘署巡撫楊霈自河南馳奏奉 旨嘉獎義民給大旗四面鐫死是年餞糧布告天下以黃安團練爲法許賡藻升署黃州府兼攝安縣是月賊由張店竄宋埠聞麻城團練去已復至七月總督楊霈飭黃安知縣許賡藻規復縣城又奏黃州爲江防要地下游第一門戶門戶洞開省城不能安堵故將規復黃州責成許賡藻帶勇辦理閏七月署知府許賡藻率勇勦賊淋山河焚賊巢穴擒斬無數九月黃安戶部主事彭宗達以援蘄水陣亡是月賡藻連敗賊淋山河及閻風遂復黃州節府志

五年九月曾國藩奏言蘄黃英霍當皖楚之交萬山回互匪黨最多幸黃安麻城等縣紳民好義團練殺賊著有成效節府志

八年四月皖逆竄陷黃安縣副都統舒保李道續宜方會剿麻城獲勝而安慶暨英山霍山諸逆由廣濟圻州邊界繞光山商城趨入黃安陷之官軍分兵馳堵舒副都統率馬隊往來策應頻戰雖小挫其鋒仍相持未決官大臣檄李布政續賓率五營兵上援是月二十六日抵黃安城外續賓本浙江布政使時粵逆入浙境金衢戒嚴各府騷動浙省在京大員奏請　飭李續賓速赴新任藉資捍禦得　旨俞允官大臣以楚皖安危大局斯係遂上言逆犯麻黃數道戒嚴我軍僅六千當驍賊五倍之衆所恃者續賓威聲素著爲逆所憚耳浙江兵力雖單江南大營已派弁往援楚北少有蹉跌後患方深當迅掃黃安以復麻城如逆首聚殲于二邑不惟紓楚省邊患江淮皖豫中原腹地亦可節次肅清　上從之平定粵匪紀略

八年四月皖賊十餘萬分擾二蘄梅濟羅麻諸縣陳玉成爲之魁另賊數千由商城陷黃安李續賓馳赴黃安克之復縣城府志

縣志八年四月賊駐麻城分股萬餘於十三日從北鄉苦竹坳竄入大雨宿龍潭斗山等處十四日辰刻襲城十六日大有從義東烟沙平四會鄉勇勦之衆寡不敵陣亡四百八十餘人二十八日李中丞兵至連日與戰鄉勇助之斃賊千餘五月初三夜半縱火焚民房城市爲墟闢門潛遁兵民追殺數百人仍竄麻城去

九年春二月胡林翼奏言臣於二月移駐上巴河竊念軍興九年失計在偪城而畢一意攻堅士卒摧殘主將不覺及援賊大至轉以餘力乘虛如七年專力宿松而賊竄張家塝八年專力太湖而賊由商霍以陷麻城黃安前車良可鑒也臣查黃郡形如圓甌東爲黃梅與宿松太湖接壤東北爲蘄州蘄水北爲羅田西北則麻城黃安皆與霍英商固接壤皖楚要害應以黃州爲適中安慶廬州六安未復則黃州宜設重防臣故專駐黃州以爲謀皖之計非分三路進勦必難成功 府志

十一年二月陳玉成窺官軍全力謀皖鄂省空虛勾結捻匪龔瞎子等十數萬撲蘄

水假官軍旗幟襲黃州知府周炳鑑方試士未設防城遂陷又分踰竄羅田麻城黃安燒殺甚慘邑志十一年二月十六數千賊由東鄉僻路竄至城越宿即去復有數千賊踵至越二日去均由黃陂至德安來往不常至五月始靜

四月內閣侍讀學士賀壽慈奏言楚省團練得力以黃州府爲最黃州府以黃安羅田麻城黃岡爲最八年九年兩次犯黃均被截擊此次賊過黃屬屠戮甚慘蓋洩前此屢挫之忿請飭大吏激勸黃屬照舊團練府志

同治元年九月捻匪竄黃安團勇擊敗之提督成大吉道員毛有銘赴麻城扼其下竄舒保督馬隊進剿副將藍斯明黃安知縣諸鑣扼宋埠道員梁作徵駐兩路口以禦賊屢創之賊不敢犯府志又邑志元年閏八月二十四日捻賊由邑三鄉離城五六里南至沙河北至葉家河西至木蘭山長亙百里橫數十里越八日竄廣水二狠畈去

二年二月捻賊在麻邑謝店料棚等處偪近東鄙署令江世玉督勇至北寺堵禦賊不入境邑志

三年三月游擊蔡正濟率一旅至縣防堵駐火王廟令兵丁助培城掘濠濠內外植木城五月初旬捻由北鄉七里坪至西南鄉蔓延一帶離城僅三四里城中戒嚴蔡軍分扎四門鄉勇登陴同守月餘始去竄岡水濟梅及麻邑白果鎮七月二十二日忽回竄東鄉五雲山周樓河等處蔡率軍出禦迨鄉民入城後始歸保城翼日黎明賊蜂擁至蔡出兵城外堵禦其時王泰來李軍功在城偕練勇百八及民蔡登城固守賊偵有備十餘萬離城里許竄往北去自辰至戌乃盡二十四日僧王之兵隨後追剿亦北去十月中駐岡水等處賊復由南至西離城十餘里竄往黃陂邑志

五月髮捻兩逆數十萬合竄麻黃晝氛夜燹橫亙五百里皆賊壘其大隊屯集李家集辛家冲馬鞍山諸要隘富森保成大吉分道迎擊賊拒戰破之新洲節府志

六月金陵克復髮捻奔集麻黃間恃山徑峻險馬隊難施倚白果河為巢穴時我軍分兩路親王僧格林沁為客兵陳國瑞等從之總督官文為主兵成大吉等從之賊

逼軍而壘阻我餉道成大吉斬其悍目麻黃道通節府志

四年十二月初四黎明賊數騎突至東門外錁子山隨到騎步賊數十萬離城半里許竄往東南三日始盡時城中無兵惟城鄉民千餘晝夜防守賊未攻城自此各鄉皆依山築砦自守邑志

五年十一月十六日賊擾東鄉黃石橋等處十餘日離城三里許往來不常民皆擾守城中獲二奸細斬之賊竄麻邑邑志

六年正月二十八日大股賊由黃陂站呂旺城至西南鄉離城二三里竄往黃陂二月初二辰刻髮捻數萬騎多於步由七里坪竄至城外東岡縱火焚屋鎗斃一童城勇燃炮擊之往東南去延路焚殺一日夜始盡是時城鄉聯絡登陴固守克保全城

四月初七日髮捻復由河口而東遇官兵戰於夾山寨楊師敗績十一日官兵與賊戰於鷹爪山賊敗回竄黃陂長堰長軒嶺遁於豫邑志按楊師似即下文楊維幹所部之兵

六年二月捻逆由黃陂竄黃岡（此即邑志由七里坪至城外往東衝去之賊）提督劉維楨率所部楊維幹等敗之迴龍山賊東趨二蘄撲蘄濟黃州震動巡撫曾國荃馳赴黃州飭記名布政使彭毓橘擊賊溪潭坳賊方渡港我軍窮追陷泥淖敗績（似即邑志戰於夾山楊師敗績之事）彭毓橘罵賊死道員葛承霖提督羅朝雲王任鎰陳致祥鄧泰福同陣亡夏四月劉銘傳駐黃安之紫屏鋪（即柿林鋪音近而訛）分三路擊賊斬馘無算奪馬騾千匹解散難民萬人追至陂山李昭慶以兵迎擊大敗之（似即戰鷹爪山大敗之之事）時任桂賴汶洸竄安陸署總督譚廷襄巡撫曾國荃恐賊由光羅犯鄂調劉維楨赴麻城防白雀園木陵關之路譚仁芳赴黃安防仙花店黃陂站之路賊不敢犯自後捻逆轉竄河南河北嘯集山東七年為淮軍所殲寰海鏡清

詔湖北黃州等處經髮捻各逆肆擾者豁免節年積欠錢糧與民休息府志

耆舊錄

詹同字同文本婺源人元至正中家黄州明太祖平陳召爲國子博士累官吏部尚書太祖命求遺書謂同曰三皇五帝之書不盡傳於世故後世鮮知其行事武帝購書六經始出唐虞三代之治始可得見武帝雄才大略後世罕及表章六經開闡帝王之學大有功於後世吾每於宫中無事輒取孔氏之言觀之如節用愛人使民以時眞治國之良規孔子誠萬世師也吳元年謂同曰國史貴直筆予平日言行是非善惡汝等皆當直書勿隱諱使後世觀之不失其實洪武元年命畫古孝行及起家征伐歷試愁苦爲圖以垂世誡謂同曰朕家本業農祖父皆長者世承忠厚積善餘慶以及於朕今圖此以貽子孫俾知王業艱難同對曰陛下昭德垂訓莫此爲功上曰富貴易驕艱難易忽久遠易忘不知祖宗積累之難故示之俾朝夕觀覽有所警也又嘗諭同曰古人爲文章或以明道德或以通當世之務典謨之言明白易知無

深怪險僻之語孔明出師表何嘗刻苦爲文而誠意流出使人誦之自然忠義感激近世文士不達世務詞雖艱深意實淺近卽過於司馬相如楊雄何裨實用自今翰林爲文但取通道理明時務者無事浮躁又謂同曰論行事於目前不若監之於往古鄉儒者試言古帝王爲治之道同對曰帝王之治莫善於唐虞三代可爲萬世法上曰三代而上治本於心三代而下治本於法由於心者道德仁義其用無窮由於法者權謀術數其用有時而窮爲治者遠乎道德仁義必入於權謀術數擇術不可不愼也同操行耿介終始淸白所著有天衢吟嘯及海涓集　按同子嶶亦吏部尚書墓在安同孫世家于安故仍以同冠安明史有傳

吳琳字朝陽性純慤力於問學太祖徵荆楚名儒詹同薦琳博學能文召爲國子助敎與同並敎冑子同才藻過琳至商搉經義亹亹不窮自遜不及也累官至吏部尚書量才授官號得人上每召琳咨時事輒進嘉言以老致仕歸上遣使察之使至旁

舍見一農人坐小杌旋起拔稻苗布田貌甚端謹使者曰此間有吳尚書在否農人斂手對曰琳是也還白狀上爲嘉歎卒祀鄉賢祠明史附陳修傳

鄒來學字時敏由進士主事累官僉都御史提督軍務正統十四年也先犯京師人情洶懼廷議謀守城來學請分遣文武大臣帥兵據險邀敵歸路廷議是之命帥所部趨紫荊關道易州躡虜後方百務叢脞獨綜覈名實刻期樹功築城浚池轉餉練兵事爲之所京師賴捍蔽焉升副都御史巡撫南畿勸農桑修水利姦吏勢豪悉繩以法又請留京儲以備賑濟復軍運以省勞費時善其議以勞遘疾卒 諭祭葬崇祀鄉賢所著有鄒中丞奏議孫騏進士刑科給事中補參議以耿介稱節楚紀及分省人物攷

黄卷字景文由進士主事遷山西按察僉事所治太原爲王國子侯爭民田而訟者王右之民每不得直卷至一切付三尺法無所依阿王更愧謝約束不謹丁外艱起復按察山東甫至有傳敵騎窺臨淸者巡撫曾銑素才卷屬之城卷晝夜趨事如期

成大雨水溢城輒隤卷曰下必有伏淤也發土丈餘而淤見乃夫之多貰民間敝缶實以灰而基之城賴以固歲祲民苦飢請于台發庾粟贖鍰以賑且多市二麥以貸民俾無廢藝事明年麥大熟皆雙歧而七穗吏請以瑞聞卷不可曰昔不聞災今乃聞祥耶遷陝西右參議樵者獲白鹿以獻或云當進諸朝卷曰是又以瑞麥嘗我無如我駃何無何引病歸節王世貞所撰墓志銘

耿光字謙甫由舉人四任教職以春秋歷聘分考所在得人初應四川聘有貴勢遣人以重賄丐錄其子光焚其書麾使去性篤孝念養不逮親居常悲愴賦詩見志誦者感焉府志

方民懷字懋元嘉靖庚子舉人絕跡公府嘗寓旅舍有女來奔叱之女跪曰父爲債窘故爾急與囊金遣之去宰林縣五年多惠政監司臨以非禮解組歸囊無一錢卒祀鄉賢」弟民悅進士官廣東兵備副使嚴緝海盜洋面肅清商賈悉受其惠及卒

民祠祀之民悅著有交黎撫勦事略五卷見四庫全書提要統志有傳

周思敬字子禮進士除工部郎備兵甯州參政涪州皆著奇績遷南戸部侍郎主事趙學仕侵牟有罪特奥援爲解思敬嚴劾之擬戍時議援朝鮮思敬抗陳不可僉旨報罷朝野震服倭寇起思敬護解兵餉協同劉綎討平之有功卒贈工部尚書孫世甯博覽羣籍事孀母以孝聞

彭遵古字旦陽好古弟由進士累官光祿少卿與顧允成友善耿介勵名節南御史房寰連疏詆都御史海瑞遵古同顧允成諸壽賢抗疏爭略言寰妬賢醜正不復知人間羞恥事臣等自幼讀書卽慕海瑞以爲當代偉人寰大事貪汚聞瑞之風宜愧且死反敢造言醜詆臣所爲痛心因劾其欺罔七罪始寰疏出朝野多切齒而政府庇之但擬旨譙讓及得遵古等疏謂寰已切責不當出位妄奏奪三人冠帶省愆久之遵古以御史言起用明史附顧允成傳

元吳應澍閩南招撫使溫之子明吏部尚書琳衢州同知琛之父也七歲失怙長通儒業習國語博學多能篤義爲鄉里所欽長兄東山兩淮鹽場司沒無後繼以次兄南山之仲子次兄亦早逝遺孤五人女六人撫教如己出男爲娶女爲嫁既以己財拓其產業數倍於前又以所置產業與己子均分之陽邏至桃花故達京孔道也地高得水甚艱鑿井十九以便汲者道嶇險不通車馬爲夷險作橋多處以便行人歲施棺以濟死者施粥以給貧民建義塾延名師以訓鄉里子弟湖省平章司薦公德義遣使徵之不起御書西山二字褒之人至今稱西山先生

阮昇生明永樂間嘗積粟宅前後左右悉置倉題曰命倉妻杜氏尤勤紡織亦易粟豆儲之正統五六年洊饑岡麻陂三邑之民逃散幾盡昇語杜曰吾夫婦刻苦積聚非爲子孫計將以補不足也忍坐擁命桑梓流離乎因招聚賑貸之餉三月糧新禾未熟粟已匱憂悶仆几上撫膺嘆曰穀未熟而欠三日食可奈何妻曰我尚有積豆

度可相延昇立舉以餉飢者撫臣以聞朝議授以職不受勅賜法理秉公四字褒之鄉里皆稱曰爹爹卒葬之處至今猶呼爹爹山節張希良述

增生阮興屺居中河里明崇禎己卯歲流賊突至父母及家人走避上竿山砦屺九歲不及隨爲賊所得屺見賊衆無懼色賊亦不之害也不旬日砦破戮尸徧山谷屺父幸脫歸母徐則存亡未知因大慟急奔覓亂尸中莫可辨識呼搶欲絕咨嗟涕洟者累年　大清定鼎屺年十四矣見村中未戮婦女有自遠歸者携仆得兒編古二十四孝事爲俚曲行乞且泣且歌音感路人時作瘋癲狀誘女婦觀冀母氏一遇也歷州邑十數寒暑三易聲嘶踵裂艱辛萬狀竟無音耗不得已復歸事父後每經一山必潸然出涕曰是其屺乎母安在吾望之也遂自名屺後居父喪哀毀盡禮事繼母以孝聞與諸弟亦相友愛同上

彭台字公甫舉人鳳儀子也生四歲而孤嘗侍諸紳燕坐聆其語或計較名利心輒

鄙之語人曰讀聖賢書列冠裳言齷齪若是世何賴焉聞善言懿行識之不忘稍長讀書務根極理要讀性理書慨然有必爲聖賢之志踰冠舉于鄉益以明道善俗爲己任雖屢空晏如也同年友勸之干謁句云不解趨何是坐忘答之曰當於簞瓢中求之壬子歲饘粥不給當計偕例有北費同年友代取貽之恚曰此爲計偕故吾旣病敢濫此卒還之

盧大儒世居中和河東學者稱東河先生少穎悟讀書日可盈寸稍長博極羣書是時士大夫多浸淫於良知家言獨取周程張朱之書精究其理註五經解凡西銘太極多所發明嘗自言學聖賢在身體力行何事沾沾口耳爲中明嘉靖丁酉副車官浮光唐縣兩學博升鳳陽郡倅未任卒尤精胡氏春秋卒之前夕取所著麟經集署其上曰三更止五更起不如此不如死切囑兒曹習弗已後盧氏多業是經獲售者

耿定向字在倫號天台三歲時有公卿到門問其祖曰更有上者否曰獨有聖賢耳

日見當爲聖賢矣由是潛心理學嘉靖丙辰成進士累官都御史戶部尚書總督倉場卒年七十三贈太子少保謚恭簡官御史時疏劾太宰吳鵬六事督學南中開崇正書院以明道彰教爲己任撫閩時會詔下方田法因纂魚鱗圖揭後屏山䢖水涯咸若目睹又手條八法布之不數月竣歲寇林道乾訌海上討禽之督倉場九疏請罷予告歸家居七年講學宗陽明主致良知從遊有焦竑等二十五子所著碩輔寶鑑要覽四卷先進遺風二卷庸言二卷文集二十卷（俱入四庫全書詳通志藝文）大學括義一卷小學衍義二卷（載通志佚）綸簡類編奏疏牘草數學商求閨訓禮纂牧要編譯異編儲宗傳大事譯觀象觀生紀黃安初乘（載家乘明史有傳一統志亦有傳）

耿定力字子健恭簡季弟也嘉靖辛未進士累官兵部侍郎卒年六十七贈南戶部尚書其知成都府也以蜀民苦採木建議勳大衆毋齎其費任長吏毋索其足預採採分夷險布恩信明賞罰使商夷樂趨操縱在手乃可集事又僉收木留難請冬曹

頒式於商人來至中程吏不得要索所省無算已乃新學宮表章大儒趙文肅禁民素冠遣者罰捕蝗蝗盡民不擾直指被胠篋視其穴自內出曰必庖人也捕治伏辜夫挾婦死論抵爰書具謂婦詈夫爲獸夫云彼詈我爲獸所生耳爲續二字於牘而出之蓋詈姑律應死也督閩學頒楊羅李朱諸大儒微言以訓士錄蔡文莊陳布衣苗裔示風向校藝不執一指所識拔皆名士擢南僉都御史疏言權便罔利藪奸及竈丁擔夫畿內羣不逞皆可慮欲專責治兵使者練民兵儲餉如王文成伍吉安亡何有上新河之變賴有成畫瑞竄去根本不搖復疏言中使之害謂臣兄弟蒙恩二世臣年六十有子孫願世世受廛明經爲太平民瑞輩無門祚身名之恤豈復爲國計深遠又勸上時閱通鑑纂要見歷代盛衰之故晉南兵部左侍郎所省歲供錢及贖鍰且數千金盡留畀代者爲修署鑿河費妖人劉天緒發難騷動陪京元兒就擒餘姚孫公窮搜其黨六七人十三木囊之通衢以次就斃爲言於孫公請緩之孫不

謂然已而台省果有言及三品滿出留都又力爲諸公卿言孫赤心任事至以百口保之卒後金陵人合祀於恭簡閣祀名宦楚祀鄉賢蜀有專祠與文翁並云明史附定向傳甚略一統志亦有傳此節葉向高所爲

周家棟字隆之號鶴陽萬歷戊子己丑聯捷進士授臨海令清理徭役民懷其惠築湖隄尤利及永久擢御史巡鹽兩浙民遮道歡呼曰此我曩時父母也卒祀民宦初採礦命下安有金場河姦胥妄指以累平民桁楊桎梏相望於道棟力奏罷鄉人德之亦祀鄉賢

吳化字敦之號曲蘿萬歷戊子解元乙未進士授鎮江推官民有毆死訟諸生撲殺者案之日撲人者右其手理宜橫今縱而左非撲也民乃服道吏譏關御史客抗而鬥軍吏殺之御史當軍吏殺人獄詞具化據律爭軍吏免父卒京寓徒步扶喪哀感行路父幸姬二所名他人子悉以田宅童僕贍之自司理歸幾於垂橐第儲有俸入

爲季父壽季父沒遺孤五歲朝夕於側提攜顧復長督之學俾有成立季父居宅不保歸之豪家化倍值取歸舉族兄不能葬之櫬更恤其子族黨待舉火賓至於歸必厭所欲某甲未知名譽之蕭祭酒得錄弟子籍某甲請謝避不見仕終禮部主事節董其昌所爲傳

盧堯臣字贊勳號欽父中萬歷壬午至庚戌成進士性孝友弟名舜臣父終時偶不瞑跪而請曰大人或以少子爲憂此予責也父遂瞑卒教弟成名父所遺并己所有悉以美好物予之毫無私焉族中貧儒者周給撫養皆以爲己任聞有不舉或鬻身卒捐贖而安居之室家之初任盆都令盆人以新召獻啓封見金捕訊之彼云欲以病公叱曰安足病我徒自病耳責斥之仕終甯前衛推官節魏公韓所爲傳

秦植字立之萬歷己未進士授全椒令杜苞苴除耗羨滯稅通商發奸吏蠹狀調稱城攜布被一篋而行勢宦因婿家中落悔婚速訟丐囑之植曰第以白金數百來令

女一出質斷之易耳宦家如其言比就鞫曉之曰君所以如此者嫌婿貧耳今不貧矣女立從一余爲伐焉因呼女入署内治奩具嫁之

吳士伸字季舒號果石幼喪父執禮如成人署東城兵馬司闖逆犯金陵上舖南十三欵分守正陽朝陽二門賊不敢近署中州修城垣集流亡賊攻急親冒矢石授方略擒殺甚衆圍解中民立碑城南頌其德

程繼善字明起號勉公五中副車以歲薦考授安慶府推官訟無留滯有悍將驕横即日請命逮繫世爵崔某祖墓木爲健兒竊伐反受誣抵重辟爰書已成力爲請釋崔德之祠祀焉解組歸流氛四起立堡大勝山訓練保聚爲一方屏障

耿應衡字玉齊明徵君汝愚孝廉伯子也庭訓嚴委曲將迎承顔順志愛幼弟應衡出於至誠由廩生徵授遵化推官累官至鄜州兵備道甯紹台副使凡所因革悉協時宜先是安邑賦役雖有條鞭之法里甲不清胥役飛詭民受其累衡倡畫一之議

始稱平至今公私稱便卒祀鄉賢
鍾琇號青巖由選拔登進士除袁州推官有良家子爲賊脅兵執之爲之申釋民失盜指鄰牛以牛誤入爲解袁介楚粵山谷之間流亡結集謀不軌議用兵往諭降之累官江南司郎中江西正主考陝西漢中知府著有心遠堂集
彭繩祖字若昭號正園由選拔除泉州通判時大軍集廈門職轉輸芻茭糗糧俱備攝泉永春晉江三邑篆綏催科決疑獄民誤食斷腸草鄰疑怨家所毒一訊驗其寃釋之署博羅免丁徭羅入祠祀入名宦長甯山寇猖獗指畫方略渠魁授首擢知石阡府值大軍屯黔三閱月軍需供應咸稱敏給補兗州府脫辟囚百三四十人東省地震旋患澇陳救灾十策兩攝道篆云
吳之珍字貞吉號西灊南光祿署正士伸子庭訓極嚴能先意承志得其歡奉兩繼母以孝聞順治辛卯壬辰聯捷進士先是賊氛肆虐山寨不守母周被執罵賊死抱

屍慟哭幾不欲生庶弟病革尤篤同氣誼官東武令首興文教值旱齋戒步禱烈日中雨立沛邑近海舊設防衛芻茭糗糧供億不貲力請罷邑多逋賦詳核其逃亡故絕者蠲之田畝荒蕪力勸墾有江南仇姓索得宿逋夜過境邏卒誣爲盜訊釋之遣卒護出境嘗夜行聞呼冤命役迹之無所得覘索之叢棘中則吏詐財也亟拘抵罪革兩稅羨餘禁緝逃株連尤多惠政親老乞歸行李蕭然父沒哀毀骨立逾年卒

盧繩慈字昭許侍父爾惇巴州刺史任歸應試獻賊踞川父戰死聞信走夷陵不得入望三峽號泣晝夜不絕念母在忍痛歸愛弟純篤每念父死王事骨未歸輒相對哭以選拔入成均授松陽令鋤豪強決疑獄時海氛初靖軍需供給概不勞民卒於官祀名宦

盧經字叔向號蕙浦順治丁酉與弟綖同舉於鄉戊戌成進士授興化推官時海賊屢寇閩憲檄瀕海五十里限三日內徙爲請寬其期民得從容遷徙涖任一年疑獄

多所平反活死囚二十三人暇則與文士講學著莆陽課士錄
程之澍字歲霖號傳巖中康熙甲午任郴州學正州經兵燹少學嚮涖任後講學論文歲有程月有課甲子應江西秋闈同考之聘有干謁者峻拒之所取皆知名士時議設弁駐防安邑士民驚怖因詣台院歷陳利弊事遂寢艱於嗣有以袁姓婦爲賦小星婦至眉顰黌泪盈頰詢知夫以逋負羅罪鬻妻求活也立還之不索値曰吾不忍以似續故割他人絃郴諸生或以掘地受礦誣訟獄大起力請於上憲白其寃卒於郴士立祠祀之
劉茂基字大生號暘溪中順治甲午武榜累官都司僉書始任燕山右衛全椒六合上元廣武間民多散處爲撫流亡清旗甲新增諸羨悉裁之歲饑道殣相望除逋欠千餘兩事繼母胡孝養倍至異母弟死以自卜壽藏窆之焉
秦人藩字巨屏號桂菴雍正乙卯舉人壬戌登明通榜任湖南龍山令修學宮振單

興築隄防興水利調苗疆尤以修文化俗養士愛民爲急案或株連反覆申理不惜捐俸以生之攝常德通判解組歸官橐蕭然

吳大杬字孟仁乾隆庚寅舉人任應山訓導新學宮表節孝賓貧士以膏火丙辰丁巳賊匪竄應山同邑令修城垣設守禦賊逼城率衆登陴衣不解帶二十七晝夜解銀鞘火繩入大營數次郡守獎其勞弟大柷字季和乾隆壬子舉人性肫摯與人共甘苦里人迫追逋輸粟代償同年某病都中遣僕送歸自執爨精歧黃而不名遇危疾治輒效座師范督學湘省挈與偕悉心校閱毫無所苟

汪潤號玉田道光辛卯壬辰聯捷進士授工部主事都水營繕事倍煩諸曹歲計需項例案紛歧吏胥多舞文侵欺潤先後主二司稿奸猾斂手奉法在部二十年堂官倚之僚友諮度悉開誠相與咸豐元年　詔舉賢能杜文正公首薦之　召見奏對稱旨軍機處記名逾年有坐糧廳之命總八省漕儲北通糧務舡艘向難如期抵壩

催迎撥解轉運閩鄖倍極煩難兼東南海運稽核舊章心力精敏若苦日不暇給潤剔除積弊次第就理兩次分校北闈殫力搜羅多得寒畯　簡放廣西江左道以病告致

陳玉麒字仁趾道光乙未進士歷任直隸元氏新樂唐山等縣案無留牘咸頌神君三年乞養歸著四書講義五柳堂文稿待刊好施與每嚴冬購棉衣以給老幼死無葬者助棺邑高橋河橋圯捐貲修之

陳鳳翥字篠岐咸豐子壬舉人同治壬戌進士官山東萊陽令萊大邑盡心平反刻無暇晷李姓以命案誣久不決立剖白之甲子充同考官稱得士巡撫閻公擢同知引疾去任值母喪哀毀骨立病益劇越二年卒

吳國甯字敬菴母黃氏早卒事父及後母程以孝聞侍父病湯藥必躬親病劇嘗糞度不起觸地痛絕移時方甦父卒居喪悉從典禮廬墓三年朝夕哭奠未嘗見齒幼

弟三皆程母出父易簀時命兄弟分財異居五其闔命各取一以一畀甯子甯曰兒幸長硯田筆耕可自給豈以兄故倍弟産乎願分畀諸季也父沒悉推己與子之田宅奴婢與弟撫三弟各舉其婚嫁綜理其産業弟數破産輒以己業畀之築室扃戶延師課督曰不成名不得及戶外也弟卒蚤成名歲不登穀價騰湧外商輦金至曰吾里饑吾積粟原以活此一方民今受境外金安在能急人之困也乃召鄰里父老計口而賙之以田宅質者不受券祲後多疫施藥救之施棺斂之施地瘞之孝感鄒某貧將鬻妻捐金贖還貲而遣之歸節胡在恪所爲傳

熊之炅字超宇豪邁識大義嘉慶二年教匪齊王氏由河南大勝關掠仙花鎮而東逼安北界時承平久人不知兵炅曰是可截而殲也率其姪天栻椎牛釃豕出米麥緡錢與堂兄增生紹熊監生文炳文灼族姪增生弈鄉人黃鳳詔聚丁壯千餘要賊於土脊嶺賊不敢進值大雨賊衆踰崖蟻附炅身先格鬬賊至益衆遂見執脅使降

旻曰吾守　天子法讀聖人書豈肯狗巯行乎詈不絕口賊恚甚碎臠之火其居同死者庠生劉琨及二女耆民盧夢伯旻嫂顏氏丁壯合二百九十餘人

陶采號左山中嘉靖癸卯科任河南泌陽令獷悍難治采操冰茹蘗常賦外不責羨餘民皆樂輸諸躍治不遑一切以法繩之鄉井帖然升馬湖府同知古捷牂牁地獠民雜居采廉以服民信以靖獠升爲瀘兵備僉事卒後祀鄉賢後另有傳詳采孝行

彭宗達號信甫甫能言祖父即期以遠到口授爲子盡孝爲臣盡忠令日誦之咸豐壬子登第官戶部主事咸豐三年假歸次年四月粵匪陷邑城信至適與諸昆弟夜飲擲杯歎曰今世承平二百餘年人不知兵何處不被蹂躪我輩讀書數十年若僅全軀保妻子何以對君父遂倡捐募勇一日夜馳告徧百餘里期聚鄉兵闔圍攻擊克復邑城盡殲賊衆旋奉制軍楊札辦沿江團練率勇出境大小十餘戰曾文正公駐節省垣手書期會水陸並進直抵黃州九月初賊棄郡遁遠督隊追至蘄水南關

外與賊對壘十五日大戰雲路口自辰至未力竭捐軀曾相奏聞　特旨照知府陣亡例賜卹子蔭雲騎尉以恩騎尉世襲罔替同治二年已祀昭忠祠

張鵬翔字拱北有弟繼軫幼失恃事後母孝軫沒字其孤如己出族戚輩失身他姓力贖歸凡可以解紛難者毀家不惜崇禎癸未里中匪人集黨千餘肆焚刼與仲子百稚糾衆殲其渠而脇從則多所存活著有壁山文集八十餘卒祀鄉賢

張希聖字亞石庠生父歿哭之失血事嫡母姚孝養備至季弟希天病親調藥餌應試黃州拒一奔女

黃漢臣字勒鼎庠生篤行好學　國初土寇披猖密書誘之潔身遠遁嘗捐金建從弟產教孤子使成名備棺以斂貧族著有四書解毛詩章句未刊

蘇光轍字汝德庠生性至孝嘗侍父食一語少忤父怒以碗擲其面輒長跪試碗重進色加愉父爲寇賊析產推腴者與孤姪以慰親心族子失身失產不憚艱險贖還

之

程一棐字坦之四歲隨父村塾不與諸童戲入泮後貧寓歧亭被寇焚掠以濕絮蒙其母突火出乃免順治甲午舉于鄉歷大冶教諭武昌教授値甲寅之變士多遠徙學使按籍除名爲力請復至數百人升國子監助教致仕歸布衣疏食淡如也

盧綽號芸浦康熙癸卯舉人事二親以孝聞官山陰令扶弱鋤强平反疑獄猾吏不敢作奸豪强不敢肆虐新陽明書院聚多士讀書其中鎮東閣望海亭三江閘禹陵南鎮次第維新餘姚諸暨飢民亂擬捕勦單騎往諭輸金粟賑之全活無算著有麟經要義五經精義宜園集等書

吳光乾字彥淸任四川金堂學博學使延閱卷有富室子以財求己而發糊名中得之富室賫金謝正色却之曰吾豈掩人以取利哉且毋以非義掩吾也擢盧山令棄官歸

熊光楚字渭明性至孝好施與崇禎壬癸間旱蝗流亡相屬輟家食周之瘞枯骨贖鬻女利濟所及指不勝屈以明經授河南羅山縣學博嗣補湘鄉皆有教澤升象山令未之任卒著有歷朝詩選八大家纂略三楚典故諸書

張希良字石虹康熙乙丑進士二甲傳臚累官侍講戊辰分校禮闈擬撰五嶽異名濟瀆源流京師形勢策問總裁王熙稱爲博物君子纂修　三朝國史　大清一統志明史春秋講義類函稱　旨賜御書白羽扇賦良湛深古學著有春秋大義宋史刪文章翰海格物內外篇

吳兆澧字稼軒孝友剛方邃深理學戊戌歲歉輸粟倡先嘗修學田重新黌序掌教邑書院六載上無干謁下無偏私以責任房縣訓導敦學規勤訓課在任九月李子大桂字玉坡恩貢品學純粹至性過人父終房縣扶櫬歸傍棺露宿連夜有馴虎依側咸以爲孝感澧著有四書講義梓行桂著讀書記啖蹠集聞見錄姓氏全編等書

王風熾字克昌事親以孝聞一弟早逝撫姪如子自嬰兒迄成人無異視性豪邁仗義輕財不瑣瑣作家計待人無城府值不平事正色糾繩人服其公而畏其直以明經設教于百望書院從遊數百人因材造就出其門者多知名士

吳瑄字元恪乾隆甲午舉人性至孝慟母青年苦節室無次丁一試春官公車不再北家居侍奉外惟手執一編居母喪三年不出戶服闋猶時作孺子泣嘗有偷兒入室爲賊獲執見其掩面悲啼贈以米錢縱之去

吳世模字文次性淡泊不事華靡從胞兄歲貢世楨學事如嚴父居近邑治足跡不及城市官吏希識其面言坊行表讀書外無他事爲文閎中肆外一瀉千里康熙癸已進士選重慶知府涖任未久卒

吳海字芷田好讀書家雖貧手未嘗釋卷中乾隆己酉解元掌教萃英書院一時俊秀多出其門所得脩脯悉以奉母承顏順志得其歡心邑有公事必以身先外此不

履公廷著有四書精要講義五經旁訓待梓子世楷道光甲午舉人謹言愼行品學端方人皆矜式

聶智垣字纘圃庠生巴東學博炳蛟子進士御史錦璜父也品純學粹敦孝友篤宗誼董然諾好施予乾隆五十年歲大祲罄所有以濟族戚萃里中俊秀建塾延師資以膏火多所成就終年七十三懿行甚繁至今頌德不衰

張忠垣字笏山郃陽令炳鯤子副榜任宜都房縣教諭終養歸偉丰儀敦品誼好學不倦立交會以獎後進多藉玉成乾隆戊戌乙巳嘉慶壬戌歲洊饑皆捐貲以賑嘉慶丁巳春豫匪竄境團練鄉勇一方恃之排解紛難鄉黨欽服子錫講選拔副榜錫謙庶常改戸部累官辰沅永靖兵備道錫訥兩淮鹽大使

駱逢原字取之庠生施粥濟飢修橋建廟篤宗盟理祀產善舉甚多性嗜學終身伏案研究經史寒暑罔間隱居教授不染囂著有四書講義詩經典要易經直解禮記

耆舊錄

釋義春秋正義周禮合講次孫雲錦亦積學髮捻滋擾避掠逃出者飢與食病施藥量力周濟克繩祖武

吳文犖字聯璧庠生性敏嗜學夜去燈以香火閱講義謂可澄心不忘幼失怙事母孝尤好施與乾隆乙巳奇荒先出儲米與有力者施粥以濟嘗祠宇修家乘友教陂安兩邑成就多人

江澤兌字悅齋庠生父早沒苦攻詩書事親孝以筆耕養昆季分居後體親心與諸兄相依無間遇里中牙角閉門謝曰吾素迂不願有司聞名也家寒疏食布衣不厭孟春柳道光辛巳副榜燕居兀坐屏除妄念得先哲半日讀書半日靜坐之法嘗題聯云讀大學之道七節書將上下古今一肩挑起守非禮勿視四條戒把紛華靡麗兩手推開可想其志家貧好施嘗出束脩以給貧乏

張鳳翼庠生家貧力學成疾羣經爛熟註義皆能背誦薈萃儒先語錄手抄四書講

義成函性至孝嘗負俸米養母携母所礪麥屑至館中自食母病藥非親嘗不進

陳殿勳字輔亭庠生性孝品端通經史著有七經精義類編麟經姓氏錄纂輯禹貢水經註解及鄉黨圖考諸書廣授生徒尤能勸善

汪德綸字心瑾歲貢生少失怙母王太恭人撫之成立乾隆乙巳大荒鬻產周鄰人飽其德季弟早逝撫姪如子頻年教讀慮高堂缺奉招仲弟同居並令孀妹侍太恭人左右以娛親心子潤進士廣西左江道

熊錫亭字會嘉歲貢生篤孝友年垂暮嘗依依膝下無間兄弟四諸昆先逝課徒講及孝弟語輒流涕輟講家務委諸姪人衆析居田宅聽姪輩角自便絕不計較檢身若不及退焉如不勝解推周急撙節惜福舉可爲法

詹朝貴字仕伯庠生性孝友父沒兄弟以年荒析箸貴獨設法濟飢者不祖冬衣者禮衣嘉慶丁巳教匪竄境約鄰里立寨堵禦得保無虞里族牙角片言解釋著有四

書輯講五經纂要
王運昌字靜齋庠生幼岸異不與羣兒戲設教專嚴從遊日多課子姪著文藝除夕
亦不輟性至孝年七十父已九十餘沒猶泣血篤孺子慕友愛兄弟同居八十餘人
肅家規內外言不出入於梱心地坦白幹事優長衆議不定一言決之皆服
梅調化字贊園庠生性孝嘗歲試已冠軍聞母病星夜馳歸不以科名屡省視兄弟
四友愛倍篤好學不倦有友愛堂文集
袁文玉增生篤學勵行平居無疾言遽色二親皆九十餘色養倍至與人交久敬不
衰與祖事明祀典尤好捨施濟困居近大河歲造木橋以利行人
庁生高濂字陽成家貧嗜學有知人鑒光山胡滄曉幼隨母路過見而異之勸之讀
母辭以貧濂慨然引為已任胡後官尚書迎養先生已下世矣事詳光山志胡傳
張楚賢庠生寡言笑甘淡泊好古成癖講學華嚴庵閉戶十餘載靜則振襟危坐嘗

日聖賢之道惟在主敬凡動靜語默無一或苟邑令劉公聞其名屢造謁之榜其門曰續渠繼起

李焱庚字青梯同治庚午經魁性渾厚敦孝友教人以性天爲重嘗云學問事非從根本做起雖文章蓋世必爲有識所鄙善誘人義理深晦罕譬而曲喻之尤提拔寒畯遇雋才多方獎譽生平不立崖岸人自不敢干以私

盧學溥字淵泉增生少孤事母孝咸豐間寇屢至負母以逃好讀書不以貧故令子弟習他業課徒以明理盡倫爲要歲得脩金輒分諸兄弟他如還遺金燼殘骨收瞽女援溺人懿德不可枚舉次子方舉人歸州學正亦以端方稱

副貢石九華字仙壺性沈靜重然諾讀書務窮理不了澈不輟居家孝友遇公事每身任不惜費尤提拔寒畯歲時周濟無德色咸豐初團練禦賊經費不足輒私捐以助官枝江教諭端士習培學宮頗多善舉

明經江鎮東舉人昌煥子也性孝友談笑輒釋爭端暗室拒奔嘗昏夜却遺金自奉樸素歲歉多施濟邑中試院賓興城工砦堡諸善舉多貲助著有爾雅撮要葩經要論考城堂文集

吳起鴻字儀臣癸酉舉人性孝友族里無間言生平足不履城市待人無疾言厲言遇橫逆輒和平釋之教人必以實行相勗

庠生吳縠詒字翼亭生平以敦品勵行爲務言笑不苟與之處如坐春風教人以養性爲先嘗言士惟德性定然後見理明見理明文藝不患不達館邑城十餘年絲管紛紛未一窺聽訓及門曰學問莫難於靜習靜必先强制紛華靡麗無不動情强制於初久久漸即自然矣

附監張鎮字錦城性孝友讀書務講明大義友教以盡倫爲首家寒素歲獲館金輒以其餘製寒衣置棺具給戚里之凍殍者生平不雌黃人短人靡不敬憚之子純惪

同治癸酉舉人廣西知縣

彭宗逵字雲衢少誠篤學不沾沾於章句而務窮要旨中咸豐辛亥舉人主講萃英書院善談名理學者以疑難相質不煩言而遂解侍親疾衣不解帶百餘日親沒讀問喪諸篇輒三復流涕胞弟拔貢宗選庠生宗遠早逝教養諸姪迄于成人與己子無異

歲貢熊漢字星槎性方直謹慤諸與後輩接不輕假以辭色而訓迪嘗若不及見寒士周卹之平生視惡如仇不肖輒聞風引避

庠生樊金榜性純篤以孝稱好施與榜卒年五十弟生員纓復以孝繼母病篤纓日廢餐夜不解帶親侍湯藥者三年

天津道劉秉琳字崑圃家寠甚力學不懈封翁臥病久太夫人年邁以館金供菽水侍奉無少疏性嚴毅人不敢干以私講學宗良知之說悉從身心體會而來由進士

知縣累官天津道始署大城官廨如村舍事無多南鄉健訟積逋曉諭俗漸革調寶坻免蓆棚雜派及摧黏贏餘商民稱便連年水潦旱蝗撫恤災黎囊衣典盡一日將出需開道雙鉦司計曰是亦輸質庫矣故邑人有百年佳話典銅鉦之歌僧王防洋取木防河甚急他令委胥役搜及墓柏寶坻懸重價以購木辦而民不擾王卒牧馬躪民禾民逐馬見執急詣幕府某侍郎袒卒力以官爭請納還印聲震王幕王使侍郎謝民輸大木至頌令德王曰強項令恤民乃爾可詠甘棠調宛平三年豪貴斂手遊擊張某以賣醬起家都門喧傳醬張奪人墓地興訟有貴人詒書言是年闈場供億煩果庇張張爲籌畫歎曰苞苴敢進豈吾不德致乎立集訊叱張歸原主地汝不足惜竊恐累汝冰山擲書示之張汗慄遵斷或謂恐詒書者銜恨曰貴人自賤頂上珊瑚獨不能擊碎耶太醫逐佃佃以加租訟之御史台台與京兆皆不直太醫然下縣時意不能詘然曰增租助佃干例禁案不由某則已屬之某鐵案難移後遂無請

託者庚申之役遠人驟至廷議撫之委與某某詣外國營探意兼議供具某怯不進厲聲曰今日之事有進無退挺身往遠人索犒牽甚奢抗論減半遠人怒出韓刀爭諸黑寺一晝夜遠人曰聞君是好官如議事定以政最敘勞擢直牧顧以黑屋中激烈不自持足遂痺目亦眚乞休久之始愈同治壬戌奉　特旨調取林下十人前皆顯要官琳以知縣附末簉感　朝廷特知思報稱隨直督劉公長佑勷辦捻逆悉心參贊凱撤後劉公奏請直刺補缺後以知府用又因東道推荐委署任邱履任後選幹役懸重賞未一月獲劇盜鄭大毛等七名皆　詔捕要犯申報則歸城守捕廉而不自功舊例驛傳車取之里下民折錢歸役役以車縻官最為民害乃以招募免之練鄉勇數十夜換巡邏幾不閉戶楊生毓奇豪於貲為暴鄉里取逃犢者激猫刻其膚又集眾抗糧前令就近招之匿為擊碎令無如何適匿人子女事發搜得之縣使其家率莊數百鬨於堂曰獨不聞楊某之於某守令耶追捕急挾重賂奔走

遍莫有應者始就縛觀者萬人琳曰楊某當挺身豺虎乎萬聲應曰死有餘辜遂殺其罪士民悅服犒三千金爭醵以償不受乃繪像西關佛寺歲時稱祝大學士祁公薦人才奉　旨酌量器使補深州州二百餘村村有學學有田題衿據為恒產為一一時出擇有學行者為主講曰蒙以養正士產蜜桃歲貢已免前牧多以媚上游桃熟大吏閽人以為言曰桃出自官乎自民乎出自官則吾不屑出自民則吾不忍大吏慚而止髮賴各逆犯直陷叛城州城當衝受鹼剝落又為粤匪殘居民不千家聞警爭逃或謂公固守土吏官眷可避叱曰妻子亦食　國祿豈可去督家丁隸卒百餘誓晝夜死守賊不敢逼鄰封避亂之衆亦蟻附矣乃使壯守埤老弱婦女饋食夫股攻七次皆不利賊始颺衣不解帶目不交睫四十餘夕自言偶一假寐心若死灰醒則觸火復然耳猶復忠義貞烈分類表章賦稅差徭詳請豁免兵械勇糧不絲毫冒濫署督官文恭公上其功　賜孔雀翎補知府後以道員用曾文正公繼任命各

屬以深州爲法疏薦有孤高卓立不事奔競語奉　旨嘉奬庚午題補正定府將赴任而深鄴冀州居民輩鬻地產之鹽官兵指爲梟逆格殺外擒十七名繫深獄爲留滯月餘出民懷中糠餅反覆辨論云以此爲食實貧民非逆匪也特地止產鹽非此無以完正供耳獄既平反又力請奏弛禁正定爲畿南重地軍民雜處號難治獨持體要措置裕如滹沱災招復流亡查有移交兵米日留之化朽蠹不如散以哺嗷濕申請報可築曹馬口迴水斜角三堤水不齧城民乃安集振興文教遠邇從風至廣恒陽書院居之値州縣辦大差恐丞簿擅權書役舞弊有案必提一訊即結郡人呼青天又曰一堂太守云因關外產煤入給關內於例不征守將貪橫民怨委煤窯關總戎諭復之民必曳夙憤勢洶洶聞風往勘數語撫慰關啟若洗丸泥總戎乃服已而吝開巨盜三弁贓送案申請處决大府謂須守一言初鞫之則行刦門徑應如流復訊則營兵傅負誣陷逼供不承擊以洋鎗有死者三人蓋虎口餘生贓爲博場需

家子挾來者也因使詢某處幷無是案總戎雖自投劾究營兵爲三人昭雪然自是不聞問者數月久乃悟旋卒病中獨以後事託自謂血性用事公爲今之古人嘗自言讞重獄必疑中求可信信中求可疑聖人欽恤惟刑我輩何敢草菅人命又云知府知縣曰知果知否耶我惟未徇一點情未受半文賄堪自信耳光緒元年命分巡天津道直督李文忠駐節津門嘗奏對稱爲人品第一任事忠實斷案平允至倚如左右手兩司六營之事亦就近委之所薦賢能如李秉衡不數年由令而收守超擢疆寄矣河隄各爲圖說預防險要終任無潰決霸州中亭河補築北隄與區紳張建基持同異卒如議隄成歲得粟十餘萬斛李督麾下將買民馬不給値民訟之召賈訊將謂如平時彬彬揖讓及見獨坐堂皇面鐵色惟叩謝償値而已自是練軍萬餘不敢取民一絲粟山右畿南旱流民十餘萬承辦粥廠晝夜巡歲製棉衣散之戒針綫毋減薄且云哺飢衣寒此救荒末策本源在河渠書農桑譜耳因勞成疾乞歸二

年卒生平無嗜好凡事不假手於人政餘招集士子講論德藝經明行修登甲乙科者百十輩解任時泣涕路餞政績必壽之貞珉去宛平而寶坻仿借寇故事別深州而東鹿衡水八縣皆外府州屬亦車塞萊蕪卸任邱篆十餘年再過之非賈男薛兒亦拜于道不德澤之流可見自奉極約食不貳味征收必減耗羨雜稅裁革無名節壽閉門却掃然廉俸所入豐宗厚族鄉里鰥寡月給錢粟朋友困乏傾囊持贈師事盧素備孝廉生分俸以隆養死置田以贍孤解組時奔號徧運河南北捐館之日行路皆流涕著有藜照堂古今體文詩集朔風吟略行世子二鳳墀附貢生花翎四品分部員外郎著有蒙求補宋次亮藻進士兵部郎中

李廷簫字筱軒由進士主事升郎中軍機處行走轉御史外放河南歸德知府調開封迴避調江甯擢安廬滁和道安徽按察使山西布政使護山西巡撫又調甘肅護陝甘總督光緒元年留寓京都親挹風範欽其光明正大信爲第一流人物也樞廷

居台諫倡劾罷雲貴總督劉嶽昭直聲震朝野内中丞安聞其正己率屬公忠體國嚴約家丁痛裁陋規忘私忘家歷中外數十年田不百畝屋未增椽亮節清風洞近世所罕覯曾澆陳軍機湖翼兩詢行狀而長君雲慶由廩當改部曹又改知府現爲墾務大臣信調往綏遠城仲子候補知府年慶等亦宦遊在外餘子俱不家居故偉績莫詳焉　按黃安近歲如彭主事宗偉達之忠烈劉觀察秉琳之幹濟李護督之廉介皆宜崇祀鄉賢以語邑紳僉曰宜尚無禀請者或云劉李年格不合彭則合矣

毛五和字燮臣同治辛未科元翰林院編修孝子聲亮曾孫也父道南授徒家貧者資以膏火母胡生和逾年卒每逢生忌辰輒涕泣不食積學敦品砥正行端居清要亦如講學時布衣疏食手不釋卷性耿介往來惟文字交某甲涉訟挾巨貲入都欲有營句獨不敢登其門嘗春闈不第歸中途遇寇避寨中寇圍寨索金首領將與

之和曰索金賊也索而與之金亦賊也奈何爲此不義之舉曷懸重賞以決一戰首領大悟須臾應募者數百人擊賊大破之家居聞阮姓女許字辛姓未婚夫遠出不歸阮守母家六十年和謂辛宜迎歸辛故無立錐地爲倡捐築室表其事其他撫恤孤寡振拔寒微尤不可勝數子陰桐拔貢解元節劉鳳墀撰傳

阮昌綸字豫階起家寒素躬儉約不與外事有誣控反坐者案難結以二百金求和解叱不顧佃屢逋租懼催圖賴不逐佃並捐其租中乾隆丙午挑授江陵教諭設帳授徒衙齋幾滿訓諸生盡情直言以卓異推選淸淵知縣卹窮民決獄訟非俸糈不受非重犯不刑在任一年致仕歸壽八十餘

阮恩兌字秋府豫階次子也性爽直姿偉岸喜談忠義事中道光辛卯經魁挑授江夏訓導咸豐二年粵逆竄湖北大憲謀團練上條陳三十二欵刊城守輯要一卷委辦總巡城軍米局練總局已保知縣十二月初四城陷自經明倫堂死蒙奏准　祀

昭忠祠　賜襲雲騎尉三代恩騎尉罔替

張錦珩字如亭嘉慶己未會魁由吏部主事晉員外郎司選事不徇請託不肯干謁選册例繁密吏胥高下其手因修則例力删汰至今遵之歷山東雲南道監察御史所言悉至計如太白經天乞脩省請屯田伊犁以足兵食歲可節數百萬帑金他疏多類此出知南安府南安瘠郡安之數年不求調大府將劑以善地從容應曰此固優於京秩祿糈也所屬南康巨室賴姓嫡庶訟產經數任不決費不貲久亦自苦累以三千金求結峻却之徐集族黨曉以大義咸感愧事立釋倡修校士館以便試者所援多寒畯治務寬簡不煩苛士民稱之曰佛生平于臧獲無疾言厲色尤不輕議人過家書盈笥無不可告人者服官中外逾二十載自守清廉而於諸弟姪從及貧族時分鶴俸周之終其身如一日著有槐雲書屋文集四卷

張相宇字芝卿長沙知府錫謙孫父庠生源禮生周晬而孤太宜人教之成立性純

孝事重闈就養無方無稍懈母訓至嚴少拂意立予譴責惟怡然受之大母晚失明終年坐臥暗室虛婢妾無狀恒依依膝下扶持掬搔溽暑隆冬不廢老人苦寂寞取鄉閭瑣事小說家言向榻旁敷衍之以博歡笑入泮後丁王太宜人艱痛苦節之貞未享祿養哀毀甚服闋中同治壬戌亞元癸亥聯捷成進士入詞垣季父璟槃已於己未先人詞曹同給假爲大母壽閭里榮之旋丁大母艱乙丑冬賊由河南入楚全家泛舟江湖失道獨後遇賊江上挾與俱熱血中激瞯賊佩刀乘間力掣之半出鞘矣賊覺奪刀血滿手相持急羣賊奔救恐力不敵踴身躍江心順流漂數里若有提挈之者遇漁舟救而免戊辰授職編修因勞咯血卒於京

王倜字侖菴以貢任羅山教諭升長甯知縣長俗諸生著草履上公庭充里役甫到即革除士風不變折獄明決蠲俸賑給給民牛種民德之晉敘州別駕未久引疾歸

庠生劉世鎮字元樸幼孤事母孝以恩廕補太常典簿南中市猾乘亂報仇殺人利

其家貲一時蜂起蠻白掌中台者嚴榜諭之亂始息旋引疾歸　國朝徵隱逸賢良當事以上聞力以疾辭晚年精性理諸書尤熟資通鑑

耿大振字鳴甫貌脩偉音論擧止咸有風則禔躬閑家一秉於禮酷暑不袒嚴寒不爐怒詈不出惡聲遇子姪嚴峻孫曾十數不假詞色內外肅然自少至老不履公廷妻沒不再娶獨處一室正襟危坐時觀書史儒士至劇談竟日不倦以孫公簡貴封通議大夫刑部左侍郎

耿金字靜菴廉介仁厚淡泊性成里有劉姓與逸盜同名令捕之時長子恭簡爲諸生見知於令往白其誣劉奉金帛謝不受恭簡巡西夏債帥持千金求薦叱遣之婢樵鄰境某毆之數日死召而慰之曰婢實病死吾不汝訟也富家奴毆族子死而逃衆欲持其主以挾賄怒曰毆者奴也何以於主事乃寢以子恭簡貴封通議大夫刑部左侍郎

庠生姚應巍性端方笑言不苟刻苦自勵冬月讀書以木棉擁足恒達旦不寐授徒羅山紈袴子不率教棄館歸曰不可以阿堵子物誤人子弟訓諸子以慎獨橫逆頻加含容弗校江右有士流離顛沛出金贖之凶歲鬻女覓原聘還之里中不逞結朋人會鄉勇誅其魁議殲其餘力止之爲父勸其釋戈荷鋤皆感悟全活甚衆

吳光崙字翼寰公直耿介族人推爲長婚嫁裁以禮忿爭遣以情幼孤經理其產業宦遊權衡其家計鎮撫其仆從以是德光崙嘗捐建祠宇置祀田立宗法撫孤姪讀書完婚娶其他類是

鍾繼鳳字左泉少孤依兄嫂執禮甚恭早歲向學連遭諸兄喪百口累身耕讀課織致中人產諸兄遺姪女五爲辦賸奩歲祲族有迫飢寒者爲製絮衣給糜粥子七能以科名顯

江佐濟字君翼庠生幼事父以孝聞父沒母盲飲食起居必躬親終母之世無少懈

壬辰歲大祲出粟濟貧不逞之徒反掠其餘有司嚴捕之曰吾好義不盡於人何尤力爲辨白事遂寢性樸直不樂聞人過有雌黄人短長者輒掩其耳令屢召鄉飲辭不赴曰吾何德以堪之

秦斌字文甫慕范文正公置義田贍宗族獨出餘資立義田於距城十里九宫店龍仁夫爲作記載邑志今存遺址

邱文字靜軒本姓盧贅於邱故曰邱文明正統間鄭州大無去安千里出穀一千一百石擔負至鄭賑之有司上其狀制旌之曰國家施仁養民爲首爾能出穀一千一百石用助賑濟有司以聞朕甚嘉之今特賜勅獎諭勞以羊酒旌爲義民仍免本戶雜汎差徭三年爾尚允蹈忠厚表勵鄉俗用副朝廷褒嘉之意欽哉時正統六年四月二十四日事也

庠生黄極清字華陽性耿介敦孝友篤學不倦教授生徒賢則受其脩脯否則贅幣

雖豐弗屑也立家廟正宗範子姓有睚眦秉公排解族有戶絕田僕悉推讓一介不取有因亂流落異鄉者勸歸築室安之歲凶出蓋藏以周之貸不責券券不責償甚幷忘其姓氏

庠生鍾玲字仲玉太守琇胞兄也家雖貧好施不倦丐有鬻子者給錢五緡不受契後他適遇一人迎宿其家視堂上尸祝主姓字宛然詢之則曩鬻子者也應試黄州圻水文童舟覆僅以身免將行乞歸留與寓供給之得與試獲錄復贈行資後造謝出息以償不受有被誣爲盜者力白之有攫金于市誤捕相似者辨釋之兄弟友愛終身怡怡課其子若孫皆有文名入庠序者五

廩生汪霖字甘伯好爲人排解茍竟其事捐貲不惜稱貸者或不能償即焚其券臨歿以藏金百兩付僧人建橋以濟行旅

秦儀鳳字應泰以孝友禮讓自飭同學家疫莫敢近獨朝夕視藥劑殯其母而後已

汪世洪字小溪好施與里中某以貧鬻身宦家傾囊得五十金代贖萬歷初連年荒旱出粟五百石以贍鄉里有操券來者焚其券邑令孫公表其門曰善人

胡轅好學力行樂善不倦歲大旱盡發廩粟以賑貧乏子弟請稍留自備曰天災流行忍坐視閭里枵腹自擁倉箱哉又建義塾教族里子弟嘗自嘆長而無述因號無述子臨終謂所親曰慎毋作浮圖事

張高字牛石好讀書不樂仕進戚余氏溺長子病篤子他出積金三百兩囑私遺長子迨至並呼其弟出金均之嘆曰以予不欺生者則有之若謂不欺死者則未也園柑熟孺子入竊登樹杪高見急掩扉度已去命伐柑家人詢之以向者告且曰倘汝曹見之必驚墮地傷人子矣

吳斐然性謹厚輕財好施不責報兵燹後多貧乏不能自存有鬻子無力贖取者出金代贖歲歉穀價日昂富者競射利獨發粟三百以賑年七十二卒易簀時命子孫

日早完官課勤苦讀書

吳天來字高峯事嗣母以孝聞好施與族戚中老弱無依者養之婚姻無費者助之乾隆乙巳歲大祲捐穀以周貧乏嘉慶壬戌復捐貲設廠施粥月餘

吳羽鳳字螺莊孝友誠樸父疾禱洞庭母疾禱木蘭山俱立愈事兩寡嫂撫四幼孤襄四世大事並能無缺生平勇爲義凡祖墓祀田族譜家規以至學署城垣社倉無不踴躍從事作文根據理要貫穿經史教人先德行後文藝以明經應補教諭因母老辭

庠生韓梧字南塘性嗜學家素封不以自私嘗曰守財奴吾不爲也建義塾賑饑困隨遇賙給子五無時不引格言提命皆能力學修行以紹父志

庠生韓陶世字用嚴父命往均州途遇父子泣者詢之曰兄負貫人債訟于官急需子以償情難割耳如其數與之又遇老嫗哭甚哀問故曰貧無嗣夫死不能具棺即

解囊付之歸以告父喜曰恤寡憐貧予素志也汝不愧麥舟矣

州同黃待試少習詩書敦行不怠日講明彝教以訓子弟族里貧不能就塾者資以膏火遇糾紛必爲排解嘉慶二年教匪竄境率姪太學鳳翥布經曰蘭出錢粟招集丁壯捍禦賊不能闖壬戌歲歉設粥廠以賑邑令孫文驊顏其門曰好善樂施

庠生阮時來字朋悅孝子啓屺孫也行義甚力縣南七里沖大路旁有古楓樹或欲伐之買以爲行旅蔭至今人稱八百樹村之東溪岸高水深不可涉隆冬愈苦爲捐貲置橋行旅稱便家丁甚夥後悉放之曰毋令各祖父蒙羞也

王華繡字錦如性甘淡泊敦古處創祠宇置祀田同姓貧不能葬者具衣衾殮之異姓死無主者施棺槨埋之

庠生王之乾性古拙不喜雌黃人物遇不平事據理以爭歲荒贖還鬻子賑卹宗族全活甚衆建茂陰書屋延師課讀族戚貧者資助之

庠生王明教字敷五幼承父庠生顯琳之訓究心聖賢之業稍長終日正襟危坐輕薄子望而生畏足不履公庭城市亦罕至課生徒嚴兄弟相處怡怡如也子庠生逢時進士華羣歲貢鏡風連皆賴其陶淑

張榮明嘉慶六年販穀至江西值上饒年荒盡以所販穀賑濟有司上其事勅賜提貢旌表建坊曰好義周急詳黃岡縣志

熊國元力農自給暇則平治道塗邑東紅花冲爲南北往來之衝山徑崎嶇元年七十日裹糧荷鍤從一年而工竣人咸稱便從弟國珍亦樂爲善解衣殮鄰人者三具棺代葬者五

黃士權字如衡家素封友愛昆季與父言慈與子言孝值角牙之爭片言而解孫八人多以科名顯嘉慶二年教匪入境所過焚掠舉室獲全尤異者賊以油絮縛柱上焚其廬賊去而火頓熄

石文錦文昭胞兄弟也好善樂施紫潭河上流樸樹河爲麻陂兩邑要津河水泛漲行人病涉錦與昭造渡船并捐田以垂久遠乾隆五十年大饑設廠施粥於水岩寺嘉慶七年歲歉復倡捐錢米以賑他如脩葺城垣小河便道木石橋梁無不踴躍樂輸

程一鈞兄弟三家本貧以勤儉置產分與二弟乾隆戊戌大饑邑令李設粥廠四鈞董西廠捐米以賑李令旌其門曰積厚流光嘉慶壬戌又飢邑令孫粥廠設於火神廟鈞與弟一銘姪太學士洛俱踴躍捐輸日夕在廠辦賑銘又捐田二石二斗於東門外東岳府以爲香火之資

夏宗魯存心坦白途拾遺金立候失者還之子廷達乾隆庚午舉人持身涉世恪遵父訓父沒善事後母教弟成名嘉慶二年教匪滋擾出錢穀集勇防禦子朝綱能承父志捐置義田次子大魁乾隆己亥武舉

陳道賢道交道謨行義不倦康熙戊戌奇荒捐穀二千石廢產八十餘石在長山曾土庫店施粥以賑

監生歐鎬字序岐孝友仁厚管社倉半捐貲息恒倍乾隆甲午戊戌己亥饑里黨多賴之族某妻生子二十日而母卒以呱呱者殉乃出諸棺携歸養之長謀室諸生李倩義之配以孫女鎬與庄一所田三石招其父與居數房賴以嗣焉善醫道者授以痘科應驗如神書已嚴傳施藥數十年不受一錢一物子光漉孫榮科曾孫炳綬皆入泮

監生耿秉秀好善樂施乾隆乙巳大饑捐米四十餘石以賑子文斐文斌文煥克承父志嘉慶丁巳教匪入境聾寨堵禦壬戌歲饑施粥以賑六世同居長幼九十餘人雍睦一堂

蔡仲武字右泉幼失怙事母孝善排解紛難遇知名士加敬禮嘗經山僻聞婦哭甚

哀詢之則夫繫獄將轉嫁贖罪也傾囊以贈俾完破鏡又有無辜株連鬻子者爲出金贖之後叅軍江甯多善政解組歸益樂爲善煮茗施粥修道成梁合藥救人無慮日兩與鄉飲年踰九十終孫三曾孫二俱列膠庠

華文海性肫摯父沒哀號慘怛廬墓三年楊姓被訟誣累將鬻子湊金贖之吳姓負債無償投林自縊救甦代還生平淡泊自甘三十餘年不入城市

葉元安邑未建鎮守金廠河父年老齒盡豁元嚼食奉之急公慕義化導頑梗車牛擔負以充國稅朝廷旌其忠孝

陶采字左山父早逝讀書山寺常以母繫念報恩山石壁刻有思親七絕即采作也由嘉靖癸卯舉人累官四川兵備僉事年五十從事行間聞畫角聲愴然泣下屢求歸養不遂值上表至京得允其請歸置宅城中奉母以居日夕依依膝下若孺子然卒年七十二祀鄉賢

周日昂字民翹父病卒號慟盡哀廬墓六年無時不作孺子泣念母春秋高屬妻黃氏奉養謂父母均天親事死事生一身不能兼子媳宜分任皆愛敬罔間時有馴虎繞阡白鳩巢墓之異宏正間有司上其事賜詔旌表至今人稱周孝子

王威幼失父母從父時瑩撫之比長娶婦張氏瑩病臥床十餘年坐起飲食櫛沐溲溺必躬親瑩病劇嗜好怒詈俱失常尤曲將順瑩沒哭泣盡哀葬祭盡禮嬸母亦病泄痢危甚醫云得溲味辛甘尚可活威取嘗焉及卒哀毀過度亦卒張氏勵志苦守耿恭簡高提學立合傳以明孝節

趙任字伯衡父學博弗遇家益落獨好客任受田數畝藜藿不充每委曲以承歡父病客往省命治具須豐腆舅私語任曰而侍湯藥安得如而父言諸客固知而貧以雞黍饌可矣父覘之大怒任長跪請罪不起客解之不得舅復解之任奉扑泣下膝行而前曰兒不孝不能得大人歡大人甫問奈何復傷之舅父其重扑任以寬大人

怒也坐客俱爲之泣

李學梅字平橋家貧爲臬幕父分產厚諸弟大父不平梅跪曰父愛弟即同我愛奚懟焉母卒父再娶廬墓六年煢煢棲莽間暑雨一蓋冬一蓆有鹿鳩爲侶之異或他往深夜必還一夜溪漲不得過望墓號曰兒在此達旦積雪數尺老儒往視雪中現一髻亦未僵死明世宗崩諸司哭臨梅伏庭下哭獨哀郡守邑令皆贈以額加旌表曾孫仲友母病篤禱梅墓前割股以進母尋愈友林亦曾孫家病疫死傷過半母染疫幾不起割股以進母亦愈一家三孝子異矣學梅統志有傳

廩生盧溉字源長事親以孝聞待兄長循循有禮性淡泊寡營重然諾恤孤寡從弟靜中舉後旋卒妻方氏苦節加意賙恤讀書樂道日以教子弟爲事訓之曰讀書縱不利達獨不可淑心性乎古今聖賢皆從此做出汝曹毋自棄也

廩生盧廷篪字心齋性孝友執母喪貧無以葬妻余氏出衣服簪珥以助喪事歲除

偷兒入其宅獲焉偷兒曰歲將暮無以將母來竊公几上肉耳即以卒歲之物半給之後當歲薦例得司訓不就明年子堯臣舉於鄉卒祀鄉賢

吳國甯字敬菴好學篤行母早逝事父及後母以孝聞父病久侍湯藥嘗糞度不起痛哭幾絕父沒廬墓三年未嘗見齒幼弟三皆後母出甯曰兒罪耕可自贍無需此盡推所有與弟教之成立列青衿學以主敬爲主歲或不登即出蓄藏以賙貧乏孝感鄉生貧鬻妻亟捐金贖還之後任吉水丞卒祀鄉賢祠

庠生盧爾悌字以申博通子史入南學會纂修玉牒告成恩例准貢冢宰李夢白聞名欲破格用之謝不往見性至孝父堯臣晚耄書曰三不朽卷帙汗漫編摩嘗夜分不寐侍父側父寢乃寢父病嘗藥糞及卒廬墓三年事母姚色養兼至壬午賊襲城棄妻挈負母以逃己卯賊復壓城悉所有以佐守禦身冒矢石傷股不墜城賴以全其他敦族睦鄰殯師葬友却盜贓歸難女未嘗告入律己極嚴不置姬妾生九子經

繩成進士絳綍登賢書維玆纚縚緒纓皆食餼列明經卒祀鄉賢選拔舉人盧爾慥字未一痛母節孝之亡易字少慕闔邑奴叛詣兩台請平之豫匪嘯聚鄰境遺仲子諭撫之至其却還人故劍之謝千金活縞紵之友不惜己產爲孤姪孫償負尤稱難及爲母苦節陳情得旌母卒五年不釋衰哀毀羅疾彌留猶大呼吾母者三子六紀慈統慈紘慈紞慈醴慈糺慈俱有才

盧紀慈字念倫爾慥長子也庠生父客京華十四五年紀奉祖母匡節孝母樊理家政暇則督課諸弟父歸杜門著述左右承歡多所校讎族子佃其田貧不能舉父喪捐租助之祖母與父相繼沒卜地寒暑登陟不少輟父易簀時指幼弟糺慈語之曰此黃口兒令明理足矣泣拜受命及免喪館村塾棄諸子獨携弟往弟每嬉戲不謹責惟涕泣呼父自責越三年弟亦掇芹食餼母卒哀毀成疾死苫塊中

盧紞慈字熙叔父爾惇官四川巴州以孤城抗賊死純少孤依母於家念父沒王事

至巴收骸骨聞武弁某昔與父共患難在某峒中孑身往尋得之弁已衰病不能起呼近榻矚目視嘆曰盧官人有子官人當日殺賊過當賊已支解矣壯士甯有尸耶純慟哭幾絶慰之還母卒廬墓三年子庠生雲鳳復入巴招葬著巴州公案刊行

庠生江楫父病侍湯藥晝夜不倦勞瘁久疾入膏肓終不語人恐益親病也父没哀毁骨立未逾月卒

吳應選至孝性成父疽發背瀕危展轉床褥五閱月洞胸穿臆臟腑俱見臭惡四聞選侍湯藥口吮舌舐呼號數絶父病瘳族黨驚異請於縣令獎之曰能竭其力達於府守獎之曰孝行可風

庠生張榮字錦樹侍講希良季子也丁母彭氏艱七月不飲勺水朝夕繞哭柩傍冢禮外惟性理書收涕之下時時涵泳體嗇加瘠竟以嘔血死

盧纓字蘇浦同胞九纓最少父没甫九齡哀毁備至寡言笑惟閉戶讀書事母如嬰

兒戀戀母卒黄禮無遺行兄經卒子幼未厝櫬卜得佳地臨終命與兄合葬

金光化幼失恃事後母如所生母生季弟凡父所遺悉以美者推之尤篤宗黨誼罄貲以賙貧乏捐產以助婚葬置塾以教鄉里子弟不責脩脯

黄色純色琇色緯兄弟三皆邑庠其高曾祖三世同居以孝友名耿恭簡額其門曰雍睦一時子孫繼起蒸蒸鷹揚者二領歲薦者二補庠增各一列庠序五

石台三父昆瑞臥床幾斃醫巫不效台三皇遽失措焚香默禱願以身代私割股肉以進父病尋愈

張經錫字瑝受博學好古篤於行誼父母喪諸兄在外賓客弔唁春秋窀穸獨肩之兄中飛禍鬻產營救得免子婦余姓家饒於財余沒無嗣錫正色斥之嗣乃定他如瘞暴骨還遺金皆好其德以貢除城步訓卒子八四列黌宮

吳之璜字渭卜好學不倦尤慷慨任俠揮金濟人性純孝侍孀母余氏左右不離及

卒廬墓憂思竟以咯血逝人稱死孝子應庚進士授隆昌令晋吏部員外郎

廩生秦中理字大輿少孤事母陶氏以孝聞年九歲母患心胃痛醫稱不治私刲左股以進甲午恩選應順天試擬元未果設館授徒資脩脯以孝養他如養已嫁之姑卹朋友之子辭譽子之謝皆善推其孝也母卒三年苫塊哀毀成疾沒

廩生何遜字任長性嗜書兵戈搶攘中手不釋卷母吳早卒事繼母賀至孝先意承志得其歡心母卧病近兩載朝夕侍湯藥不倦葠值甚昂拮据以進母沒哀毀骨立不知爲異母子督諸弟廻通過嚴偶不率教必自擊觸壁唏嘘徹宵不寐後皆率教通卒成進士

程之渫字井波庠生居鄉恂恂然遇疏族諸父亦執禮必恭侍父左右竟日無倦容輕財好施族子女幼孤撫如已出悉經營其嫁婚構別業於省城胭脂山顏曰梅花書屋延名士肆業其中膏火饘糧醫藥佐之以恩拔入成均考授縣令未仕卒

廩生周世甯字永清尚書思敬孫八歲失怙孝事孀母祖蔭當序不肯就潛心經史以遠大自期督課弟姪攻苦專以身教田園僕婢彼此多寡概不之問

秦珣芳字玉華父貧生子五每食各分饘一盂佐以糜粥珣輒留以膳母父卒哀毀幾暈絶壬午賊襲邑負母渡河爲母濕貸衣飢貸食無心顧妻子徐亦完聚築室五雲山竭力養母壽八十一子四季如芫領鄉薦

彭大興純孝性成祖病篤父頗知醫胗之泣謂輿曰脈絶矣奈何大輿泣夜半刲左肱肉爲羹以奉數日竟愈祖後知之袒視其臂血痕如掌存焉

阮林遠字星吉孝子啓屺之曾孫也母病乳劇日夜祈以身代一夕夢祖母授以藥曰用此當愈以手受之實無有也而香聞一室母病竟痊人稱小孝子

盧聚慶父卒貧無以殮賣身周姓以值葬父事畢役於周勤甚周義之折劵遣歸同族明善紹先皆貧苦負擔乞米養親親病無錢市藥刲股以進病竟痊

孟大聰字聖宗家貧年十三即負販以孝養父沒事母益謹每昏定必親理衾枕而後即安酒後作孺子態執板唱歌以承歡友愛諸弟甚篤不析居異財子謙益亦以孝聞居親喪旦夕靈前不入內室讀喪禮見殮殯不如古則大慟念父母辛苦起家終身布衣疏食欲少展孝養不可得則又大慟

吳文煒字含章同胞三先析箸兩兄嫂俱沒子女皆幼復合居飲食教誨如己出姪倩貧不能娶則資之小功女弟適黃陂周姓苦節四十年貧老歸依母家及沒爲之棺殮歸葬于周鄉里構爭必出貲排解佃戶納稞暗以水漲斛而糝木屑弗與較亦不易佃以子中理貴贈文林郎孫性誠貴贈奉直大夫

韓錫勇字毅然父沒喪具獨任不累昆季旋丁內艱廬墓三年黃陂某貧無依育如己子長爲之娶產子女各一且將予之田宅其人聽婦言求去卒容之壽八十易簀無他語但云碎身難報父母恩孫致中領嘉慶戊辰鄉薦

王之格性孝友親病侍湯藥不假人手及沒茹蔬廬墓日夕號泣兄無子客死於外訃聞重繭奔赴扶櫬歸葬以其次子承祧子三孫四俱庠生

王之相字衡甫性純孝母沒廬墓三年父病三刲股以進壽延八載邑令胡旌曰溫凊勵操邑令宣詳請旌曰貞孝傳家

庠生蔡學泗字會東監生學治字望魯胞兄弟也父母俱逾耄耋兩人白首斑衣孝思罔懈一教讀一理家同居垂老無間言治外出夜歸泗必坐以待治亦不久羈歸必述一日之事以為常族孫某幼失怙恃二人撫養之并為立室家謀生計族有鬻產者貧不能償還產而焚其券泗子大樟姪大模常教以立身行己之道老來不入城市二十餘年兩舉鄉飲賓不就壽八十六以孫光辰贈奉直大夫治性耿介嚴取與購漢口綢緞欠數十金店已忘矣卒償之娶胡氏岳家無嗣願以產業書付辭不受嘗修學田書院文昌宮多有創造

何大任字伊爲父早逝事母孝母沒廬墓三年墓側忽湧清泉以供飲食邑令旌其門服闋復居二載歸後井泉枯竭

吳永華字如山少孤事孀母孝母病延醫黃陂道遇虎嘆曰天絶我也因與虎約歸而食我言畢虎搖尾去歸則母病亦痊輕財好施每飯必留餘乞至必與乾隆五十年嘉慶七年十二年歲荒無不捐粟以賑

吳永松字長青幼失怙恃賴兄嫂撫畜事之如父母成立析居三兄早逝分財必讓姪曰弟不可先兄姪在即兄在也鄉里有爭捐貲勸解嘉慶二年教匪入境募勇曉以大義一方以安

熊泉字大川庠生父沒廬墓三年疏素終身泉適墓屢遇虎虎必避人以爲孝感精岐黃多備藥物富求診示以方貧求診兼予以藥

增生陳中錦附貢中鍍監生中鑛皆以孝著錦父沒廬墓三年事祖母及母備盡孝

養鑽事繼母胡以孝聞母病輒廢食愈乃色喜鑽母九十餘目失明鑽日侍左右醫言舌舐可愈三閱月適生元孫目復明

庠生戴淩雲家貧力學有孝行父久病床臥十二年侍湯藥不少懈父沒廬墓三年

庠監考授縣丞吳遵路字示周義勇過人賊脅劫財刃逼其兄路奮擊之賊遁子二若谷歲貢若古監生乾隆癸卯奇荒谷設粥以活者甚衆古於父沒廬墓三年

吳一孔字秀崖孝友嗜學與弟一相同入泮值流寇欲殺其幼弟誤執孔孔不辯遂遇害

吳餘鳳年十餘祖母病重刲股以進病愈而童殤後有吳克敏者少孤貧採薪養母母病篤二次刲股以愈母敏疾劇語家人曰吾夢對簿陰曹以刲股事延壽一紀卒如其言

庠生江孔殷孝友誠懇父墮水殷救之父甦而殷沒學使胡郵銀以葬且弔以詩銘

其墓曰孝子

孟正發副榜春柳之祖早失怙恃甫長諸昆析居仲兄旋卒遺孤寡事嫂如兄愛姪如子教養成立仍合居知醫某婦託病邀診執裾挑之絕裾去子大任字聖揆少孤孝事孀母與堂兄析產能推讓與弟同居沒齒一堂兄老無子加意賙恤之

鄭道亨字嘉會性純孝母患癰藥無效舌舐之痊又患瘋疾三載親調湯藥衣不解帶母終父繼沒哀毀成疾廬墓三年雍正二年施粥賑飢嘗宿旅店被竊越數夕忽有扣門者啓戶則竊物在而人不見矣又無故被人兇詈閉門不與校天忽雨仍開門給以雨蓋其人感悔去子三廷揚貢生夢華庠生廷銘優庠生廷揚好善樂施嚴冬恒以衣食賙貧乏有穀商負重債因失事不能償即焚其券夢華性耿直見義必爲倡修高橋不辭勞瘁廷銘授徒不計脩脯歲飢命子之蘭爲粥以賑有獨傳四代者貧無妻助金以娶皆有父風

庠生金作礪幼失恃父病九載親調藥餌刻不離膝及沒哳夕哀毀致疾卒生平敦族尚義族姪自洳子母客河南省母死自鬻爲僧訪贖歸俾得成立

貢生金之增先失怙事母以孝聞母病衣不解帶湯藥必親居喪廬墓三年春秋祭掃猶作孺子泣嘗建塾延師以訓族子弟修祠刻譜以篤宗支

明萬歷三中副榜王儒字淑尼早失恃事母至孝事繼母如所生明季徭役煩南北兩京糧絹稅重儒躬運交兌饑饉洊臻官吏追呼民多流亡遺其家屬嗷嗷待斃計口餬之僭科逼迫一身獨任族賴以全析產之日以美畀弟自取薄者當事錫以額曰賢良方正

郭天明幼失母躬耕負薪以養父父病侍湯藥衣不弛帶疾篤割臂和羹以進嘗糞知不起搶地痛絶及卒廬墓六年終身縞素値忌辰必哭奠當道屢旌其廬

周文祖幼孤家貧服賈養母母病聞信歸日夕侍湯藥焚香告天願身代刲股以進

毋頓愈

許正明字耀雲父病篤籲神割股烹湯以進父復甦謂其婿曰余夢大廟碑懸金字云感動天和地保結十五春後閏十五日卒

秦文茲父枋久遊雲南不歸隻身尋親備嘗艱苦值疫不得父所忽有神告之俑匐往果見父僵臥馬伏波廟氣不絕如綫哭且呼及蘇云得水可活急取水覓醫治越二日父愈苦饔飧不給爲傭以供膳年還里適流氛甚熾有弟讀書麻邑賊執去茲入賊營尋弟亦爲所縛將殺之尋獲釋偕弟潛遁避亂三山寨寨不守妻女亂亡不顧抱週歲姪以奔得倖免

州判黃景庠生雯之子也雯卒景年十二常以不得承歡爲憾事孀母宋至孝母病躬調湯藥卒之日哀毀骨立幾以身殉待堂兄庠生思憲思顯不啻同胞

庠生宋輿監生環庠生琦兄弟也天性純篤父沒皆廬墓三年終日悲號哀毀骨立

母疾日侍湯藥衣不解帶疾篤焚香同禱爭以身代病痊人皆以爲孝感兄弟和好無間興年近八旬環琦事之惟謹

貢生詹煥章字堯臣性至孝父老多病親侍湯藥朝夕扶持不少懈父病篤衣不解帶數月父沒哀毀骨立孺慕不已塑像事之如生時每供奉猶爲孺子泣有司以聞撫院胡奏請　恩賜銀三十兩建坊入祠并獎百行之原額邑令學師並贈孝道可嘉

羅正玉家貧力耕孝養父母父病數月刲肝和肉以進父次日愈逾年沒居喪哀毀過甚母慰之曰尚有母在爾死將誰養始飲粥奉母終身

王守福性至孝父病篤割股和藥以進病立愈並享大年

黃其椿本城人咸豐四年六月奉老母祁氏出南門避賊河漲不能渡賊追及被拘乞以身代母賊推之入河死母得脫常泣訴於人

張家栻昆季三栻居季父卒方總角哀毀自盡伯叔救之後事母孝數十年無懈家務甘自拮据無傷母心

王南照舉人南杰弟性至孝年二十八失偶子週歲不再娶兄弟五家貧獨以筆耕養母四十喪明泣曰吾瞽不足惜其如母何期年目愈養母如舊

王萬勝耕種爲業性孝友母患風疾艱步履事奉數年無倦同治六年逆匪入境負母逃遇賊力爭被害

盧得意目不識丁母病醫治窮焚香告社刲股以進病即愈

監生吳國輔子庠生定元兩代以孝著生致養病割股沒廬墓國輔有副榜張忠坦贊定元有觀察劉秉琳贊

庠生楊玉珂事母孝課徒得脩脯悉奉甘旨家甚貧但得親悅處之晏然其他惜字紙勸善舉皆孝行所推

監生李天敍母染瘋疾服事左右衣不解帶五年母卒廬墓三年值祭期老猶號泣如故

熊靠天母病割股三次母喪廬墓三年

彭大興祖母病篤割股暗置湯中進之立愈

袁應奇母病危割股救之得愈

周祥墀母病數月湯藥罔效焚香割股和羹以進旋愈

毛聲亮庠生士偉子甫四齡得佳果輒還歸遺母啖以雞亦然年十四侍父疾刲股者再年二十母病侍湯藥兩月餘不解帶刲股以進母疾尋瘳親沒泣血失明衰絰廬墓三年嘉慶元年學使王以純孝衍澤旌之曾孫五和朝元編修元孫蔭桐拔貢解元

毛志訓聲亮子孝養有父風父病割股者三次侍湯藥無倦容父憐之命就寢潛立門外聞呻吟夜趨入父好施輒召鄉鄰貧者緩租還券年八十二猶哀呼父母若孺

子慕亦爲學使所旌

何成純貧不能娶妻母李病數年侍湯藥躬滌洗傭工爲救水資嚴冬積雪母思鮮魚徧求以奉有臥冰風

李正賢字希聖監生父早故奉母惟謹叔有子七析居時家產聽分弗較乾隆末饑同族設粥廠多所全活

庠生陳炳煜字心房少孤母氏吳以節孝登邑志煜承顏喻志惟恐少忤篤孝友睦宗族敎子義方長子常同治丁卯副榜次鳳翥壬戌進士官山左三四皆庠生

庠生楊龍光性孝友父母沒廬墓三年昆季析居時伯仲兄早逝歲凶將已得田產出售分給兩嫂生平剛直不阿人咸推服

監生鄭作梁父監生光台母耿氏好推解梁亦如之順事二親若孺子慕及沒哀痛幾絕里有孤貧鬻妻養母亟鐲金贖還嘗倡育嬰會多所全活咸豐十年聞於上給

庸行千古額

監生余生達少以孝友聞父母沒弟兄守墓霜雪不避兄嫂先後染癆瘵侍奉無缺兄嫂卒遺孤甫十月教養有成嘗分金粟濟人遐邇稱之

高登甲事二親孝父教嚴受撻不怨母沒繼母李入門兩載父故甲事之如一李九旬餘艱步履甲年七十出入扶持仍若孺子之依膝下亦恭兄覬兄所無必與之

萬心正好讀書事母色養兼至母病數百日晨昏罔間長兄失偶正遵母命行扶杖疾視藥夏　暑　冬溫衣十數年母有餘歡兄有於邑

增生孟竹瑞號大樓弟謙珏同孝友因家衆析居二人產業盡讓兄瑞以教讀珏以儒醫自贍有餘並周貧乏事親承顏養志均得歡心瑞孫亦以醫濟世珏夫婦久病子光久兩割股療之

李元趙家極貧親老常臥不起侍奉弗離左右親沒後兄元超往天台採蕨度荒死

於外趙未讀書枕兄尸哭信口吟云採蕨到天臺兄弟兩分開前日生人去今日死
尸回哀泣數日死

庠生黃錫侯孝事父母食必親奉親病日夜省視湯藥不假於人妻陳氏以孝佐夫翁姑有疾時每謂不順於親對夫自責人稱淑媛

鄒仁華事親盡孝父沒廬墓三年三子紹駿有父風華沒亦廬墓三年

萬紹甲性孝友母老多病晝夜侍不倦病篤時甲迫夜跪雪中誓以身代親夢神授以丸而愈兄紹奎無嗣甲三次賣己產爲兄續室祿祀以博親歡

何之法事親孝親沒廬墓三年弟兄友愛異常訓子姪成就年九十餘卒

監生何耀南事親克孝親沒廬墓三年周貧乏樂善不倦排難解紛人咸稱之

陳澤鏢監生宗翰子年十八同治三年五月翰被擄願替父生賊釋父挾鏢至北塔河與賊力鬥死

陳澤元事母孝母老而瞽同治三年五月賊蜂聚元負母逃賊復至元令家人各散負母入室被擄不屈中數槍斃門首塲死

李文運城內人咸豐十一年九月奉母逃亂均被擄賊欲殺母願以身代遂遇害母獲全

趙坦字淡齋父病風痺數年汚穢床蓐親拭濯晨焚香籲天願代父父愈而坦竟病革謂子曰余生未養親死未葬親卒後以衰麻殮俾得屍孝焉

蔡科遠事親孝父沒母病垂危醫罔效割股和藥以進母遂愈

增生周金鑣生六月而孤事母以孝著有忤逆子耳其名陰窺之見其爲母滌穢衣亦感而興孝兄弟讀書有成皆其力也

庠生程昌洛性至孝父設教遠方沒於館罰倜奔喪舊東富愛其才將贅之固辭扶櫬歸年甫十六也

庠生盧國光性孝友兄弟有極難處者善調停恩義兼盡尤好善捐貲建玉川溪上石橋行人德之

盧治鐸姪孝友兄弟五鐸尤得親歡父病割股和藥以進弟不慧盡情撫之道拾遺物候失者與之而不告姓名鐸沒子學源哭盡哀兄弟析居不計財產

監生程步墀字楚善孝事親色養備至貿四川夢母病追歸行至清潭舟覆聞人語曰此孝子也恍惚間已登岸

盧侄兄弟二少孤以養母自任嘉慶初入城避寇謂家人曰若城陷吾祇能衛老母爾等善處毋貽前人羞他如掩枯骨焚逋券戒訟救荒皆孝友所推

監生江傑性樸誠少從貿四川父歿舟至半途風大作伴舟盡覆傑伏柩哀號獨無恙同治甲子賊掩至負繼母逃妻子皆不顧歲終輒出穀米周貧族建祠興祀不吝捐貲

孟正英品端方兄正芳隨父客瀘州聞父沒匍匐奔喪比至兄又逝扶二櫬歸跋涉千里哀感行路事母亦以孝聞撫二姪成立

張才貴家貧至孝母病求神罔效割股和肉食以進病立愈　陳源信性孝友父病割肝和肉進之立愈邑侯陳贈孝通神明額

張應興性至孝父母病親嘗藥餌禱諸神願以身代親沒廬墓三年

附貢戴貢楠字讓生少失怙事母至孝年六十猶若嬰孩母病侍湯藥月餘衣不解帶母沒廬墓期年

監生鍾慶雲少習儒事親孝母病未解衣帶者半年母沒痛絕數次二兄早逝事孀嫂亦盡禮課子姪以詩書姪書詔九成姪孫鳴俱入泮

余達民盡孝養親所嗜好必羅致之父患疽藥罔效醫云得鹿骨肉可愈奔走四方求之卒獲歸以進果愈

孟謙祥性孝友服賈黔中貲孝養父母沒卜兆修墓一身任之父遺田產概歸二兄

楊崇福字席祿幼失怙恃與兄宗連孤苦自立常以不能孝養爲憾兄弟友愛至老不衰兄有忿婉釋之兄七十七卒哭泣數日不食卒年七十二

監生蔡光楷父昌烈以善行入志父教嚴曲意承奉惟恐失歡母病醫罔效因習醫診人多效母卒哀毀骨立居喪三年罕見其面父沒亦然

粟德明性至孝母染風疾久困床褥明與妻侍奉十餘年無倦容母沒哀毀甚竟以憂卒

孟大宇性篤厚父早逝事母孝母病親嘗藥衣不解帶數月母卒廬墓側日夜號泣弟大順之嗣數爲娶婦止生一女以次子繼之

張其方性孝友父患癰治罔效以口吮之即愈兄遠館家恒不給多方給之頻年不倦

恩貢徐卓成號玉渠家貧力學親沒後念及輒隕涕甲子歲粵匪猝至被掠長子譽麟願身代遂舍成而掠麟未幾麟歸是秋入泮食餼亦歲貢

黃亦詔字明軒性至孝父力學嘉慶時殉教匪難詔痛不欲生讀歷代忠義傳輒泣不止孝事母母疾侍湯藥衣不解帶數月見高年必拱立致敬

張家[illegible]父早逝事母孝母卒哀痛泣血因食指繁兄弟析居以應得之產半讓兄弟

黃鳳彩生三月而孤母錢苦節撫之成立事母孝待兄弟友愛析箸時住宅數重讓與兄詔詔中式後北上無貲廢產助之

庠生張楚士父早逝母苦節撫之就傅後偶懈母怒不食長跪母前母霽怒而後起及長色養備至母卒廬墓三年

曹承述幼失怙母撫之長力田孝事母母卒哀毀幾絕於田號泣聞者墮淚

汪蔚章性極孝母患痼疾奉湯藥十餘年不倦病篤時默禱神願身代病尋愈與父

俱年近九十著有全史要編蔚草堂文集

監生武士珍性孝友髫年失怙號泣呼天死復甦者數次

貢生張庚雨字友蘇父席賢品學純粹授徒不計脩脯教其甥劉秉琳謂必成宅相琳累成進士累官天津道雨生而孝友少爲父買藥赤足涉層冰毛孔皆血陰雨輒痛母近八十雨六十出告反面老人無睡扶持抑搔終夕無倦父早亡遺一女撫養過所生與弟明紳怡怡終身如一日晚年竟以冰寒沁骨膝以下皆腫潰卒

劉豪明性篤實極孝友父携兄貿四川道光時聞父病亟赴蜀迎歸親侍湯藥衣不解帶及沒喪葬盡禮痛兄久羈異地遣子尋歸受人寄託猶能然諾不欺

吳芳春字侍階事祖父母及父母悉得歡心敬諸父友昆弟循循有禮應試黃州聞母病一日夜馳二百里歸侍不離床席者數月因勞致疾卒

名宦祠

明承德郎袁公福徵　明文林郎應公存初　明佐仕郎周公天造

皇清提督湖廣學政按察司副使前禮科給事中蔣公永修

皇清總督湖廣等處地方兼理糧餉太子太保兵部尚書兼都察院右都御史李公

蔭祖

皇清巡撫湖廣等處提督軍務兵部左侍郎都察院右副都御史石公琳

皇清總督湖廣等處軍務兼理糧餉兵部右侍郎都察院右副都御史李公輝祖

吳公典　丁公士孔　郭公世隆　三公銜同上

皇清總督江南江西兵部尚書太子太保謚清端原任黃州府知府于公成龍

皇清湖北布政使司任公風厚

皇清湖廣分守武昌道布政司參議劉公珩

皇清巡撫湖廣等處提督軍務歷任四川浙閩總督兵部尚書加正一品劉公兆麒
皇清賜進士第中憲大夫知黄州府事加三品李公彥瑁
皇清湖北布政使司張公聖猷
皇清中憲大夫知湖北黄州府事舒公士賁
皇清大冢宰前任黄州糧捕府宋公犖
皇清光祿大夫太子少保總督湖廣等處軍務兼理糧餉謚清端楊公綜仁
右見邑志者前陶令大夏修　文昌宮於殿東廡爲賢侯祠祀三人
明勅授文林郎前任黄安縣知縣林葵
皇清勅授文林郎前任黄安縣知縣張琮
皇清誥授中憲大夫前任黄安縣知縣許賡藻
本年現任陳令閱邑志載有祠祀東郊者二人曰李公文芳向公應賢因爲補

作一龕合祀於　武聖三代之側又城内後西街保赤堂今爲育公局舊有前

令孫公文驊長生祿位亦作一龕襲祀孫公

鄉賢祠

元徵君西山吳公應澍

明翰林學士兼吏部尚書詹公同

明吏部尚書吳公琳

明副都御史鄒公來學

明誥封御史耿公金

明林縣知縣方公民懷

明勑封奉政大夫四川按察使司僉事陶公朶

明孝廉彭公台

明戶部尚書贈太子少保謚恭簡耿公定向

明兵部侍郎贈戶部尚書耿公定力

明禮部主客司主事吳公化

明御史督學京畿周公家棟

明處士盧公廷篪

明處士耿公定理

明進士永平府甯前衛推官盧公堯臣

明四川保甯府巴州知州擢升監軍副使盧公爾愃

明文學吳公國宇

明誥封徵仕郎進中書科舍人秦公如容

皇清勅封浙江甯紹台道按察使司副使耿公應衡

皇清修職郎晋階一級吳公國甯

皇清勅贈文林郎日講官起居注翰林院編修張公百程

皇清勅贈文林郎隆昌縣知縣吳公之璜

皇清北直宛平縣知縣盧公爾悌

皇清文學張公鵬翔

按上文曰勅曰誥曰贈曰封不免有誤邑志如是茲仍照錄忠義孝弟人名甚衆祀昭忠祠亦多故不備錄

人類

安縣始明嘉靖析自岡麻陂三邑人多來自江右舊族無多漢和帝時巫蠻反既平徙其人江夏郡晋分江夏立西陽郡爲西陽蠻亦名五水蠻劉宋元嘉時五水蠻叛分西陽郡立十八蠻縣歲遠莫攷老山會田姓多言是田益宗等之族沙河王姓乃元提領王也先不花之裔以爵爲姓詳氏族篇并無回番畬猓猺獞狑犽狼皿狄貂黎打牲土司亦無滿蒙漢軍各旗籍山鄉不少禽獸農功之暇獵人什伍入山以鳥鎗擊飛走合計不止千人

戶口

周禮秋官司民掌登萬民之數自生齒以上皆書於版歲登下其死生及三年大比以萬民之數詔司寇司寇獻其數於王王拜受之登於天府我孔子所以式負版也自康熙五十年定丁額滋生人丁永不加賦五年一編審如故雍正五年停編審以保甲丁額造報乾隆五十八年　諭曰戶口繁庶即細加查造斷不能一無舛漏且

恐吏胥滋擾寔非安輯閭閻之道至哉　聖訓重養民而不重料民所謂石稱丈量徑而鮮失也今將舉行警察强迫教育非清查戶口不可志戶口

一舊管合邑五十會八萬九千五百七十一戶向有三十九萬九千五百九十九名口

一新收滋生二萬六千八百二十二名口

一開除已故一萬六千零七十名口

一實在除僱工夥計共大小男女并僧道尼四十一萬零三百五十一名口

校對人安邑李向榮

黃安鄉土志

下卷

卷下

附西陽攷正誤　西陵辨正誤　大勝關大成關攷

仙居縣攷　倒水攷

其餘辨考附各篇內

耿姓按世本地在河北祖乙所都居者以爲民商時姬姓侯國魯閔公元年晉滅以賜趙夙後亦爲氏元季亂明祖起淮甸有國寳者居河南光山生子必順必安安從父仗劍從戎以功授濟陽衛千戶順奉母周從居麻城太平里黄安立縣地屬安是爲耿氏宅安之始安縣之立造端蔡鉞李大夏賴恭簡通籍奏記當路而後底于成事詳本境歷史恭簡之曾大父行有中宏治辛酉歷任河陽儀徵江陰衢州四屬教諭歷聘四川順天福建分考雲貴主考會却賂以明節者曰光此四傳也五傳至大振爲恭簡大父六傳曰金爲恭簡父均以恭簡貴封通議大夫刑部左侍郎大振昆季曰恕恩貢未仕恭簡名定向由進士行人累官戶部尚書總督倉場卒贈太子少保謚恭簡明史有傳季弟定力由進士主事累官南僉都御史督操江南兵部侍郎卒贈尚書仲弟定理布衣也以孫應衡貴贈如其官定理定力均以理學附兄恭簡傳恭簡子汝愚兩中副榜孫應昌應輿俱廕主事昌官楚雄府通判輿官刑部郎中

子起宗恩貢黃安鄉訓導定理次子汝悳中萬歷壬午四子汝思由貢中萬歷戊午應天榜定理孫應衡舉賢良方正任遵化監軍晉山西布政右參議爵紹台兵備道按察司副使子宗壎恩貢上虞婺川知縣昭需中康熙丁酉武源知縣昭震中副榜故城縣丞皆定理後也又有歲貢定吉拔貢荆門州學正汝相歲貢豐城知縣應運上林苑丞應台附監考州同輿待考縣丞興道興勃昭鼎保州同凌雲歲貢秉鈞拔貢中道光己亥荆州府訓導曰瀾未詳與恭爵公孰親第就安論詹同輿徽父子吏部尚書皆非安籍吳琳吏部尚書在立縣前啟安氏族以耿氏冠今庠士萃萃農工商各勤正業五六千丁無一充胥役者蓋恭簡之彝訓遠也

張姓按廣韻本自軒轅第五子揮始造弦實張網羅世掌其職後因氏焉風俗通云張王李趙黃帝賜姓張仲見小雅張老見曲禮張之姓舊矣黃安張族各別以毛張五爲最盛始祖文德江西餘干縣人以孫宣浙江左布政使大理寺卿贈如其官生

子九分居江西四川山西河南等省黄岡圻州等縣子萬六居岡之中和里後析入安遂爲安人至今二十餘代今以廷渠純恴中卷與邑志校對載志者列前載純恴卷者附后廷渠卷有純恴卷無不載凡乙科十五解元一甲科五傳臚一翰林三部曹一拔貢六副榜二歲貢　仍依世次叙列

文徵而下十世曰希良中康熙己酉乙丑會魁二甲傳臚日講起居注官翰林院侍講浙江學政戊辰會試同考官庚午浙江正主考丙子順天副主考志焜歲貢敦仁歲貢訓導希賢附貢考授州同十一世藥康熙乙酉舉人揀選知縣條同科中式衡山知縣改湘潭教諭棣辛卯舉人內閣中書蕖附監考授州同十二世炳彪康熙壬午舉人漢陽教授炳熯雍正乙卯舉人候選知縣炳皎同年拔貢巴東教諭炳鯤乾隆辛酉拔貢宗學教習歷任十三州縣署潼關撫民同知升乾州直隸州知州炳翰癸酉拔貢遠安教諭十三世忠坦辛卯副榜宜都房縣武昌教諭起唐嘉慶癸酉拔

貢通城教諭際春道光壬辰舉人沔陽學正鄖陽教授運同銜國用甲午舉人揀選知縣廉坦歲貢訓導十四世錦珩乾隆壬子經魁嘉慶己未會魁吏部員外郎山東道監察御史江西南安廣信知府錫講辛酉拔貢甲子副貢武英殿校錄候選教諭錫謙甲子舉人乙丑進士翰林院庶吉士國史館協修功臣館纂修戶部郎中湖南辰州長沙知府署辰沅永靖兵備道錫綬直隸知縣錫序歲貢訓導錫訥豐利場鹽知事十五世環槩道光己丑舉人己未進士翰林院庶吉士廣東茂名信宜香山知縣升用同知純悳同治癸酉舉人廣西知縣長清四川蓬溪知縣藻純廪貢訓導葆純廪貢武昌京山訓導黃陂教諭桐城歙縣知縣十六世相宇壬戌補辛酉亞元癸亥會魁翰林院編修武英殿纂修功臣館協修廷渠光緒乙亥舉人山東日照知縣承麻廪貢石首嘉魚通城德安訓導咸甯教諭相寅五品銜廣東鹽大使承棟四川巡檢十七世東煜壬午解元文焌丁未文中學堂拔貢此見邑志及未入志而近年

最確者仍將純德卷錄后

吉進士雲南左布政伯行乙丑進士江蘇巡撫秀芝嘉慶乙丑進士甯鄉知縣解州知州鵬翼咸豐癸亥進士編修累官侍講舉人未成進士者繼周康熙己卯傑戊午其楚辛卯錦芝道光戊子通城教諭文杞嘉慶甲子解元之祖同科陞封道光壬辰百揆甲辰解元紹江同治癸酉優貢玉機歲貢傳虎來鳳訓導渠亦歲貢拔濟四川知縣遂生江蘇知縣廷渠卷有進士傳豹源嶼舉人統敬南周福奇正德按伯行謚清恪儀封人鵬翼光山人百揆紹江黃岡人可知志所無者多異籍也

城內張姓始祖統山元至正未襲職司馬致仕後携子鼎一鼎二鼎三自江西饒州府徙居齊安鄒黃岡縣梅子港鼎二又徙廣濟郎乾隆丁丑進士四川資陽知縣德源之祖鼎三又徙河南新蔡閭家林郎萬歷癸未進士戶部尚書九一之祖惟鼎一居安至今二十餘代

張譜所載三世勝附貢訓導四世文富文敬歲貢文恭廩貢訓導五世友端副榜教諭六世榮提貢嘉靖六年賑江西廣信府上饒縣有司奏聞御賜好義捐急建坊旌獎八世高優廩生與郭一珹同師王陽明耿恭簡兄弟師事焉耿荐屢徵不出御賜文成高弟理學名儒（以上不見今邑志）十三世鳳騰乾隆甲午舉人黃陂教諭十六世如海武生保鑑翎五品千總十七世之鴻光緒乙酉舉人之鶴同治庚午舉人鹽提舉銜大冶教諭升任四川莪眉巫山奉節三台仁壽知縣之鴻子庠生映潢保舉縣主簿之鶴子映雯四川縣丞映斗四川典史潢與文鶴雯斗均存自爲一族

西張家住華河會歲貢雲錦任歸州訓導丁不及千自爲一族

張煜家始祖應雷由江西遷麻城嘉靖黃安縣建麻地入安故居安者四千丁居麻亦二千丁至今二十代道光乙未舉人光斗更名家俊大冶教諭同知銜河南知縣詠春道銜慶鵬商邱典史士華

崇禎壬午武舉君禾副將銜遊擊有德都司永祿衛守備焱奎亦自爲一族

張夢楊乾隆辛酉解元乙丑進士鄖陽府教授所居曰張平桂丁不甚多又爲一族

老山會判內山外山張居內山丁甚繁捻匪自河南竄至有名大啟者曾帶鄉團堵禦前數年有名懷道者前令滕諭飭協緝河南搶犯獲之贈額曰見義勇爲又爲一族

盧姓按泰誓與庸蜀八國同會武王於孟津廣韻姜氏封於盧以國爲氏齊有盧蒲癸楚有盧戢黎也複姓則有長盧曾盧二胥盧妃湛盧豆盧叱盧水沓盧三字姓則吐伏盧北魏神武帝賜改爲盧安之盧譜山自太公丁公蓋姜氏之盧也東漢北中郎將尙書植乃其別祖元季陳友諒兵起仕元翰林博士昇江西臨川人避亂遷黃岡中和里花園鋪生子道一道什道蓰道一子懷中明洪武丙子舉人仍故居道什道蓰從父遷八里灣道蓰又徙雞子山故有南北二分至今念餘代凡萬餘丁自成

化癸卯至同治丁卯中鄉榜十七自萬歷庚戌至道光丙戌中禮闈五又副榜二武
舉二拔貢三優貢一歲貢十二具見邑志云
廷春中成化癸卯官通判大化嘉靖丁酉邳州知州堯臣萬歷壬午希儲崇禎癸酉
殉難經順治丁酉興化推官綖同科直隸永年江南如皋知縣綍康熙癸卯山陰知
縣爾㯮丙午京闈絳壬子絳縣知縣遷都察院經歷經綖綍絳胞兄弟也建中丁酉平番知縣
升吏部主事國彬乾隆戊午萬年甲子國楡戊子薰嘉慶庚申鴻遠己卯繪雲道光
丁酉方同治丁卯歸州學正以上乙榜堯臣萬歷庚戌會都知縣升甯前衛推官經
順治壬辰興化重慶推官綖康熙庚戌永年如皋知縣建中辛丑吏部主事鴻遠道
光丙戌山東濟甯直隸州知州以上甲榜大儒與大化同科鳳陽通判國楡乾隆庚
子興山教諭薰己酉以上副榜爾悌明恩貢國櫨乾隆丙戌以上恩貢繩慈順治戊
子松陽知縣爾㯮後中式淮詩雍正元年竹谿教諭以上拔貢爐嘉慶庚午優貢之

懔順治歲貢光化新甯訓導惟茲順治間均州學正之驎康熙間楮同上襄陽府訓導緒同上淮乾隆癸卯濤同上大冶訓導兆冲同上黃陂訓導燦嘉慶間耀舉同上茂宗道光間鈞同上以上歲貢舜臣萬歷乙卯伯魁崇禎己卯四川夔府守備殉難以上武舉不由科貢入仕者永阜鳳陽通判升知府爾愔崇禎賢良方正四川巴州知州成都監軍副使殉難爾恒安慶通判國泰同安縣丞兆麟武岡州吏目鏞縣丞附監考州同曰洽曰拱增監曰統慈曰洛考縣丞曰績曰組曰綬中書科中書曰金唱翰林博士曰昇候選縣丞曰紹瑄廩增附生多不勝紀數百年來均務正業無充胥役亦如耿氏至于不用僧道尤具卓見云以上俱見邑志

邑志未載見盧方中卷者紘順治己丑進士圻州籍勛明萬歷乙酉中黃岡籍均天順治庚子副榜士常順治庚子中志熙康熙戊子中德清知縣愷雍正壬子中乾隆己未進士漢陽教授敏政舉人象南副榜萬之辛酉拔貢鼎歲貢江夏訓導爾懌吉

州州同瀆乾隆癸未歲貢士珍經歷府志有勳餘無

李姓按風俗通張王李趙黃帝賜姓一云皋陶官大理後以官爲理氏商季伊侯避難改理爲李曰利貞史記老子列傳索隱述葛元云生而指李樹因以爲姓爰及李唐徐勣茹懷光董忠臣稽阿跌光進拓跋思恭俱賜國姓朱邪亦心賜姓及名曰國昌李之姓不一矣黃安之李甚多今舉其尤著者敘述如左

李姓居東屋嘴者中道光辛巳曰映春歷任山西繁峙定襄知縣署代州直隸州知州子廷簫咸豐壬子癸丑聯捷進士歷戶部主事員外郎中軍機處行走轉御史外放知府歷河南歸德開封調江南江甯升安廬滁和道安徽按察使山西布政使護巡撫調甘肅護陝甘總督廷籥中光緒乙亥雲南峨眉州州判廷管中同治壬戌副榜官京山縣訓導廷簣公安訓導保敎諭內閣中書銜廷綬武庠千總廷簫子雲慶光緒乙酉順天副榜己丑中壬辰進士翰林院庶吉士改部曹又改知府現經墾務

大臣信奏調綏遠城年慶候補知府黃安建縣始耿恭簡不獨位尊學術亦稱最數百年來惟李護督以清節嗣美位亦較崇屢訪行述不得屢訪氏族亦不得惟聞遷自黃岡族衆無多姑識其略仍博訪而補錄焉

李姓有曰七大戶者始祖牧林父興隆生子三長仲林居陝次卽牧林三仕林居麻城祖伯玉宋度宗時翰林侍講遠祖唐元和宰相絳宋文靖公沆忠愍公若水忠定公綱忠憲公顯忠文清公宗勉本陝西人實其祖也牧林什元封英烈將軍鎮守安之金廠河遂居焉二世兆五襲金廠巡檢三世登六遼東百戶七世分德恕憲懋懿憙懋七房故曰七大戶態孝廉方正十六世正紀確山知縣光炳蒲圻教諭著攸縣知縣如鳳元涵俱歲貢十八世宗蓮歲貢咸甯教諭二十世焱庚同治庚午經魁輝祥議敘七品翔鳳布經歷華秀衛千總中彥恩貢孺待詔二十一世和燮甲子舉人庚辰進士山東長山日照等縣知縣炳文府經歷艷春歲貢和盛縣丞六品銜二十

二世友鑫山東青州府淸軍府慶榮恩貢敎諭恩榮廩貢歷任廣東高明感恩四川
新都巫山知縣樹華廩貢河南縣丞二十二世武職大勝花翎總兵靖勇巴圖魯隨
金將軍勦𤞑逆陣亡贈武顯將軍圖桑阿巴圖魯世襲騎都尉大全花翎總兵振勇
巴圖魯二品封典大洪提督銜記名總兵西拉巴圖魯光緒二年攻克馬納斯南城
陣亡贈太子少保給騎都尉幷雲騎尉襲次完時給予恩騎尉罔替祀昭忠祠
李姓又有分六戶者始祖李八宋官參政司當徽宗時金人肆毒江西尤酷自南昌
府避亂徙居江左三世振聲生子八省一至省八稱六戶者省一後曰獻學居三角
會新屋李家劉家塆外附居數小村計六百六十丁省三後曰中恕居道安會李中
恕村外附居數小村計六百六十餘丁有應州一名應城者藍翎縣丞有雄飛者由
武庠保守備秀分居呂旺會三李家附二小村計二百五十餘丁二十世名玉中咸
豐戊午副榜子樹楠中光緒己丑　恩科舉人道分居徙義會烏石坡附數小村計

五百二十餘丁省八後曰成分居河漢會李成灣計二百五十丁二十世明遂同治庚午　恩賜副榜子登甲由增生保藍翎主簿遠分居徙義會曰上李世遠居葉油會曰下李世遠共二百四十餘丁上分五世名陟洲明景泰武進士官南陽都閫陟誠明景泰文進士官大理少卿十八世光州一名廷綬由武生保衛千總二十世大勝與七大戶之大勝同時而異人邑志以字別之花翎副將恒勇巴圖魯前甘肅管帶英字中營為金將軍右翼炳楚山典史獎從九銜以上居安之六戶共二千五百餘丁居麻城者省一之子宗甫至九世正芳進士左布政子灝進士官左參政孫文祥進士官兵部主士十三世長庚進士翰林累官兵部尚書現居安之三角會者其分支苗裔也

劉姓按左傳帝堯之後劉累學擾龍以事孔甲夏后賜氏曰御龍周有劉氏世為王朝卿士會之後亦為劉氏又有劉邑與鄔蔿邘並見于傳或以地氏自漢高賜奉春

君以國姓易婁爲劉北魏神元帝賜獨孤氏爲劉而劉氏不一矣黃安劉姓不止三十族茲取其最著者述之如左

明洪武時陝西總兵名鎮自江西饒州府浮梁縣攜二子庠生曰瀅曰滿來隱楚黃三世尚利中萬歷武魁遷居河南四世鳳照萬歷己卯副車十世浚明中嘉慶戊午副車十二世遠候選分州世定州吏目十三世秉璡候選巡檢以上邑志無秉琳道光己亥舉人咸豐壬子進士歷任直隸大城寶坻宛平任邱知縣深州直隸州知州正定府知府分巡天津等處兵備道花翎二品銜政蹟宜付史館循吏傳祔祀曾文正公祠并祀寶坻袁了凡先生祠誥贈琳曾祖希聖祖公行父載華俱榮祿大夫子鳳墀附貢生花翎四品銜候選員外郎亮藻光緒己卯舉人壬辰進士即用知縣改兵部郎中姪煥奎與藻同科舉人前任咸豐訓導現任枝江教諭升知縣焜戊子舉人通山訓導孫壽峒附貢宜都訓導壽衡兩淮鹽大使壽崧前分部司務改就知縣計十

五六代

劉姓有居三師會大金山劉家衆及王德會陳家田王家田育兒會余家田戴十二清凉會陳家田汪家田董家田祖屋灣等處約二千丁始祖居江西南昌府者曰允迪以宋隆興間進士作宰德安生子三幼曰從禮定居亭州之梓溪即今麻城子孫日蕃析居於鎖口河白田畈（白一作百）小河頭劉家樸樹大田舖劉家細院東山諸處皆爲同宗至十世而舊居黑龍池（麻志云地在縣東南三里）有名澤廣者遷黃安中和鄉贅大金山胡氏二世有六房敬與志三回麻安麻同宗之始祖曰正甫二世曰本合生子三曰才一千一萬一五世曰河正德丙子舉人六世曰澄源舉人官吏部演制司曰清源亦舉人七世曰光嘉靖乙酉舉人河南汝甯府廣東廣州府通判誥命存焉八世師召歲貢山西平陽府通判師尹四川推官九世見台歲貢布政司經歷此皆本支居麻地者攷麻志明科目總編鎖口河劉中十七人二解元十一進士白田畈劉中五

人一進士一翰林七里橋劉中四人一進士新河劉中三人二進士一翰林曹家河劉中二人歧亭劉中二人一進士而以累官兵部尚書太子少保卒贈太保諡莊襄名天和者爲尤著萬一之後世居大金山西劉家衆者凡十餘代世有庠士光緒庚子正取優貢第一中壬寅補行庚子舉人甲辰成進士　欽點主事籤分度支部肄業進士館咨送東洋回　國後考取最優等第一遇缺即補郵傳又咨調郵政司行走

又有由江西于洪武二年遷黃岡劉成港者始祖必成再遷卓望山下者二世千二安縣建地析入安至今二十二代丁三千口中嘉慶庚子舉人曰宗海歷任山西芮城鄉林信義知縣中光緒壬寅幷補庚子舉人名佑騏科舉廢丁未年朝考　欽點主事籤分吏部改大理院又　奏改六品推事現丁內艱武職有名正發者累保遊擊曾充僧忠親王右翼

又有居大塘灣者遷自何地始祖何名至今幾代均未訪悉前二十餘年以廪貢官黃陂訓導曰淼現尚以廪貢官公安訓導曰森現分發江蘇道庫大使曰鴻樞現在東洋學習法政

劉姓又有由江西南昌縣遷安居張店蔡祠紫潭等會計二十一代丁五千人始祖名德中明成化辛酉舉人官石首教諭升陝西石泉知縣名之禎以勞績官雲南峨眉州知州升廣西直隸州知州花翎運同銜名于幽武職則頭品頂戴記名提督名用富花翎記名總兵克勇巴圖魯名大富

劉姓見邑志者中康熙戊子官澧州學正曰待中乾隆丙辰曰士榮中乾隆壬子副榜曰楚望中順治甲午武科曰茂基丁酉曰之英咸豐己未曰步元武進士現官九江守備曰國棟同治己未恩貢曰天霞天啟年歲貢曰廷玉曰三台順治年曰炎康熙年曰鐸曰紹唐雍正年曰時曰念高附監攸州判曰同寅州同曰茂仁松滋教諭

曰達休甯知縣曰中孚天津鹽大使曰子駒休甯典史曰德型藍翎訓導曰秀禾武職則榖城千總步元參將德光千總開順總兵銜補用副將得昇總兵銜儘先副將効勇巴圖魯殿元燕山右江西掌印守備升都司僉書茂基俱各爲一族

董姓按左傳飂叔安裔之子董父擾畜龍以服事帝舜帝賜之姓曰董氏曰豢龍黃安之董初本麻境析泰仙鄉以立安縣遂爲安人故麻邑之董仍與安合祠居安始祖曰應軫宣德壬子解元由鄭州學正升福建督學遷廣西布政司參議生子八長緒景泰庚午經魁江西袁州府通判次紹以子朴貴贈禮部員外郎三紱天順壬午亞元成化壬辰進士江西湖口新建知縣行取御史六經成化丙午舉人宏治癸丑進士行人山東道監察御史貴州巡按遷江西僉事廣東參議七綖成化丙午經魁與兄經同科宏治庚戌進士行人福建道監察御史巡按江蘇等府江防升四川僉事陝西參議出使安南賜一品服封三代紱綖𦁤兄弟三進士御賜花萼聯輝四字

建坊四牌貢元五銓巡宰仍居麻次八曰級官倉大使爲安本支祖紹之子朴成化庚子亞元甲辰進士行人升禮部員外郎任重慶保定楚雄三府知府升江西參政旋升布政朴之子士毅正德庚午舉人四川南充知縣蓬州知州士毅之子性嘉靖丁酉舉人四川合州知州又有成化癸卯舉人曰佐嘉靖甲子舉人乙丑進士官巡按御史曰石中嘉靖庚子河南榜舉人辛丑進士累官兩廣總督曰賦府志所云前黄陂人設縣後隸黄安者也同治癸酉中武舉曰錦祥新疆候補知縣曰邦矩二人均存董譜另有正德時拔貢士宏嘉靖戊戌拔貢侑拔貢光山知縣子健副榜玉琳麻志安志俱無麻志又有進士時升舉人曰璜曰珍曰璋曰昌其並五貢九人董生基文亦以非其本支不敘也按麻志有紙無𦁄董譜有紙無𦁄攷字典有紙字無𦁄字修志者或以紙似𦁄故誤作𦁄耳麻志之與董譜不合或亦如是

熊姓肇自黄帝有熊國君少典之子也因國爲氏遂號有熊五傳而有吳回陸終陸

終娶鬼方氏女生子六最少曰季連是爲鬻熊所自出越八十世曰嶽籍江西生子五曰卯六曰云一曰洪曰詩學曰伯美明洪武間從楚散居岡麻陂三邑嘉靖建縣所居皆屬安是爲五分云一後爲東分居熊子五潘家冲等處二南分伯美後居三定橋諸村一西分洪後居豹子山諸村一北分卯六後居熊家河及安羅界諸村一中分詩學後居邑垣內外至今二十二代三千餘家中乙榜五成進士者三恩副榜一歲貢四

汝梅咸豐己未舉人同治戊辰進士翰林院庶吉士改官四川江油奉節梁山知縣加同知銜潤南光緒乙亥舉人庚辰進士吏部主事啟渭光緒壬午經魁己丑進士戶部主事現官廣西永康州知州調富川縣知縣未成進士中同治癸酉舉人現官棗陽教諭曰飛中光緒癸巳舉人曰景弼道光丙午　恩賜副榜曰梁起歲貢有光楚錫亨漢克楷四人光楚官河南羅山訓導補湘鄉升象山知縣錫亨與漢候選訓

遵錫典翰林院待詔錫祿州同職滑府經歷附貢官河南扶溝知縣曰燦參將啟祥

駐防臨清

陳姓按史記陳胡公滿者帝舜之後武王克殷求舜後得嬀滿封于陳後遂以國為氏北魏官氏志神元帝賜侯莫陳氏改為陳今据陳琮懿貢卷始祖宗英原籍浙江天台縣明洪武甲戌進士官黃陂知縣因家焉十一世揚訓遷黃安西岩會曰下彭家然尚有居黃陂者至今二十代男丁三千口中鄉榜者十會榜六副榜五拔貢二歲貢八進士四人中道光乙未直隸元氏正定新樂唐山知縣玉麒也咸豐壬戌山東萊陽知縣鳳翥也光緒丙子翰林院庶吉士改禮部主事截取任四川酉陽州贊州直隸州中黃陂籍現充存古學堂文學教員德薰初名德醑也光緒戊戌　內閣中書恩頤也舉人十一除進士外成化甲午雲南永北廳同知鑾也萬曆戊子鑑也二人俱陂籍同治癸酉鳳芝也光緒癸巳黃陂籍侍父酉陽署大盜越獄伏父代死

旌表孝子宏偉也光緒甲午候選知州炳煃也光緒癸卯現署廣西武宣知縣鴻謨也由乙酉拔貢中順天丁酉現官軍機員外郎鴻翼也副榜五黃陂籍棗陽教諭育也道光甲午訓導兆梅也道光乙未周珍也同治丁卯宜城訓導常也光緒癸卯北闈保舉知縣彰翰也拔貢二伯達州判鴻翼見前歲貢九虞胄其訓梓桂文煊家棟俱陂籍耀德寅琮懿俱安籍不由科貢入仕者中錢附貢廣東德慶州分州中書科中書瀛舞翰林待詔玉玫分省同知直隸州瑞南布政司理問玉麟正灝德緯德輝廩貢訓導鳳樓現署安陸府教授附貢訓導玉煥穀生州同有正灩正淦德純德耀縣丞有正汝德超登第府經有鳳斌以恕以詠宏奎縣主簿有正渠巡檢有吉安偉議敍七品正湏八品德臨現官八品筆帖式鴻磐武職則花翎提督銜副將春龍都司宏璧四川守備梧營千總際昌衛千總正漉陳族居陂安之界故不乏陂籍以上見邑志及琮懿貢卷

外有舉武占鰲副榜錦梅歲貢志道勃昌運州同以忠守備德隆千總用德方正俱
載邑志另爲一族居盧劉會
吳姓按史記吳泰伯仲雍皆太王子王季歷兄季歷賢而有子昌太王欲立季歷以
及昌太伯犇荆蠻自號勾吳武王克殷求太伯仲雍之後得周章已君吳因而封之
後因以爲氏至漢有劉濞之吳三國有孫權之吳隋末有李子通之吳五代有楊行
密與錢鏐之吳明太祖初亦稱吳吳不一也黃安吳族最多而盛其尤者斗山吳氏
前有尚書近多牧令丁亦甚繁祁畈科貢極夥次之槽門科貢亞祁畈人丁亦繁又
次之其餘則三角山之吳亦有科貢外此俱附敘于后
斗山吳姓亦曰南吳始祖榮原籍江西宋官黃州通判遂居黃岡中和里後析入安
二世溫官元閩南招撫使三世應澍屢徵不仕明祖賜號曰西山四世琳官吏部尚
書勅建開國天官坊弟球徵爲內臣賜魯花不先後裔仍返江西弟琛官浙江衢州

府同知後遷桐鄉五世都恩貢監軍使澄洪武舉人乾候補知州七世紹會州衞經歷九世至十六世中分六支一舊分居中和會舊灣街上灣桃花等處二千餘丁一斗分居卓望會吳家田斗山棗林灣麻城等處二千餘丁一篆分居東岳會硯池畈邑城等處二千餘丁一金分居金山會吳三灣高橋會胡家岡平頭山等處二千餘丁一石分居方廟會石門路等處一千餘丁十七世海中乾隆己酉解元未仕十八世海子世楷中道光甲午舉人亦未仕燕翼歲貢訓導十九世世楷子道燮候選縣丞星燁藍翎五品候選巡檢鐸以孫慶熙貴封奉政大夫道章候選州同禮緒四川候補知縣禮綳候選同知焱南廩貢現崇陽教諭楚珩封奉直大夫家麟河南府經歷難麐雲騎尉桂芬附貢府經歷二十一世意誠花翎四品州同典樂增貢訓導至誠州同慶熙附貢四川永川縣知縣現官爐郝屯務府慶成議敘五品滏涵樂華俱廩生紹琳試用知縣二十二世丙南附貢山東平度州知州煥南四川候補知縣卓

斌山東德州州判自始祖至今二十四代代有科名人丁日蕃共二萬丁云　吳桂芬開報

吳重四太學生明洪武二年由江西徙黃陂涵源鄉祁家畈故曰祁畈吳氏亦曰西吳安縣立屬安計二十代約八千丁

二世紹武廩貢黃州府教授三世至七世多諸生少科貢仕宦八世家睦庠生通判國寶陝西狄道縣丞國霖廩生江西吉水知縣國宦天啓間歲貢九世士達府經歷士仲附生桐柏縣知縣十世之珍順治辛卯舉人壬辰進士山東諸城知縣十一世繼善順治間歲貢漢陽訓導康熙間　恩貢宏初康熙丙子舉人戊子廷試貢元湖南邵陽縣訓導應庚康熙戊午舉人己未進士四川隆昌知縣行取吏部主事升考功司員外郎十二世遵路廩生縣丞世奇廩貢咸甯訓導世哲乾隆間之琬甲午年俱歲貢十三世汧乾隆丁卯解元壬申進士山東陵縣知縣青選雍正己酉拔貢丙

子副榜當陽縣教諭必榮候選主簿萬選庚午歲貢兆澧乙酉歲貢房縣訓導鑾縣丞渙廪生河南汝甯縣丞十四世蕙乾隆辛卯副元斗文廪生石首縣訓導中理乾隆丙子舉人保康縣教諭升長沙府教授再升山西浮山縣知縣大觀庠生衛千總觀泰戊辰大崧癸亥大桂己卯俱歲貢惬聲乾隆壬申經元承煦府經歷超楚乾隆乙酉拔貢枝江訓導大杭乾隆庚寅舉人應山訓導大梘乾隆壬子舉人定元世襲雲騎尉候補守備十五世嗣泰乾隆壬子與大梘同科舉人鳴泰嘉慶己卯歲貢舉人性誠貢生福建彰化鳳山等縣知縣升淡水同知擢台灣知府正緯江西德化知縣升知府向仁江西候補知縣業昆布理問業炟癸丑端委東昇道光丁酉東晟道光間東暹甲辰俱歲貢業鼎山東濱州吏目徐州分府十六世勵衡道光甲午舉人克達道光己亥舉人起鴻同治酉癸舉人壽昌布政司經歷壽恒州同克爃州吏目騰蛟庠生江西按察司知事克均恩貢中書貢科中書魁江西景德鎮巡檢十七世

福光緒乙卯舉人鍾麟光緒乙酉舉人前任咸甯正訓現任石首教諭錫麟光緒丁酉拔貢現郵傳部録事鍾藻歲貢汝霖布政司經歷心坦參軍府文卿繼廣俱守備家祥廩貢訓導佑錯候補知州佑品縣丞玉田同知十八世夔龍河南縣丞照南河南巡檢署祥符典史蓮舫府經歷十九世耀奎歲貢炳奎附貢藍翎五品銜廣東縣丞代理東莞缺口鎮清遠縣迴歧亭巡檢煜五品軍功玉田縣丞計中乙科十五次甲科三副榜二拔貢二恩歲貢十八　吳景福中卷耀奎貢卷

有花翎總鎮銜湖廣督標儘先補用協鎮歷任竹山協鎮武昌城守營參將德安營參將名清泰　誥封三代皆振威將軍子三長鴻鷴候補知縣次江都司銜補用守備三俊五品銜分省郎用縣丞亦郝畈吳族未聯譜

檟門吳氏始祖萬七原籍江西撫州府臨川縣仕元官至大司馬至正末避亂隱居辟守南郡卒官贈武德將軍賜葬黃陂白龍山子榮一承廕遂家于楚四房分居榮

西仍居祖宅餘三房所遷皆今安地榮一居高橋會石壁山蔓居王德沙平大有西
砦等會約五六千丁榮二居箭廠河築宅有四槽門故曰槽門吳亦曰東吳在長水
會蔓居長山三角等會四五千丁榮三居師古墩在羊角會蔓居老山道安華河等
會七八千丁至今五百餘二十餘代共一萬七八千丁
二世榮一隱居不仕元末羣雄割據以徵辟名流相傾尚束帛具書使者接踵至門
堅辭不赴明祖召亦不出勅學士陶安贈號高士顏其廬曰高士軒化萬歷戊子解
元乙未進士禮部主事升戶部員外郎世模康熙辛卯舉人癸巳會魁武英殿纂修
四川重慶知府琳明嘉慶拔貢山西曲沃知縣邑志無司學拔貢光祿寺署正邑志國學光
龍萬歷戊午拔貢庚申廷試朝元廬江知縣譜副榜傳拔貢表歲貢純學嘉靖辛酉歲貢山西
大同府推官采歲貢松滋通山教諭升成都參軍光寅歲貢泒縣知縣殉難光乾歲
貢四川金堂教諭升廬山知縣尚壽明歲貢純安縣丞光翕世奇世哲世楨皆歲貢

葉歲貢鄖西教諭謙歲貢麟遊知縣稟廪生考選知縣世楨考授州同光臨山海關守備皆榮一後榮四之裔在黄陂榮二之後只知中同治丁卯官蒲圻大冶建始均州各縣教職曰桂華 吳星階開報

三角山吳姓始祖金山偕弟萬山由江西南昌府水灣里遷黄岡吳家苑萬山之後復遷河南及竹谿房縣嘉靖時宗福遷麻城之太仙里三角山下安縣立遂爲安人丁約二千口

乾隆甲午舉人瑄同治乙丑歲貢偉光緒乙未歲貢行健五品銜訓導言昌廪貢同知銜海瀾自爲一族

此外南方有板倉吳城北之胡家灣亦板倉之族前明應令存初命氏曰扶自改爲胡北方有花園吳胡家河有吳雲畈皆各爲族不及瑣叙

吳姓另見邑志者武舉則順治丁酉曰之寬恩貢則康熙乙卯曰羽鳳 恩副榜則

同治壬戌曰待選拔貢則明崇禎曰楚儒歲貢則順治間曰敬祚康熙間曰宏初曰之雍乾隆間曰樹熾乙未曰文斗己卯曰玉潤嘉慶間曰中案曰若谷

詹姓周宣王支子封詹侯因以爲氏左傳有詹父詹桓伯列子有詹何又齊人執鄭詹詹姓舊矣明吏部尚書謚文憲曰同婺源人元至正中舉茂才異等授郴州學正避亂黃州因家焉子徽洪武間舉秀才累官太子少保吏部尚書有明一代父子官吏部尚書者自同與徽始徽後誣藍玉黨下獄及子尚寶丞紱俱死紱昆弟三長綬官中翰居黃岡次紱居黃陂三陰監綱居黃安從孫希原官中書舍人善大書宫殿城門題額皆希原筆徽墓因在黃安三定橋東里許也至今二十餘代丁數千中同治壬戌舉人漢陽武昌教諭文楷附監考縣丞曰星鹽知事濟廉鹽經歷清揚武職有記名提督督辦江北軍務帮理鹽務鎮長胡爾察巴圖魯江南徐州鎮總兵起倫陰一子廣元副將銜遊擊起厚花翎守備重康花翎遊擊以潤並見邑志

秦姓按史記秦本紀帝顓頊之裔大費與禹平水土佐舜調馴鳥獸是爲伯翳舜賜姓嬴氏其後造父爲周穆王御以救亂王以趙城封之由此爲趙氏又其後有大駱者生子成孝王分趙土爲附庸邑之秦潛夫論志氏族齊魯吴楚秦晋燕趙所謂國也秦以國氏矣然仲尼弟子秦祖秦非康成云魯人秦商家語曰魯人康成曰楚人秦冉不詳何國人晋書前秦苻氏後秦姚氏西秦乞伏氏秦不盡嬴趙也安之秦宗學士少遊之孫執中元季隨父武狀元通自蘇松高郵遊宦武昌僑居麻城旋徙居安之九官店葬三角山分六支故曰六戶秦至今二十七八代約一萬丁多住沙平會三角大脊次之餘不一處仕元浙江正提舉者夢爾同父彬立義田事載邑志中明天啓丁卯乙科至崇禎甲戌成進士者如容仕至江西副提舉中康熙庚午乙科同邑紳申請每石糧折銀七錢改入地丁者珙芳中康熙壬子乙科者如芫官桐柏知縣中康熙甲子乙科府志注江夏籍者如鎬中康熙戊子乙科者天洪中壬子者

士恢邑志不載中咸豐戊午者必顯中同治庚午者夏聲中天啟丁卯武科者在中攷歲貢兆霖卷楷與從龍宋博士克勤震龍允讓允詳與楠元博士瓊武允遊世賢紀元學士夢鷃金陵知縣文晳大理府同知允諒四川僉事文理御史孟良夔州訓導德懋以貢任甘肅靜甯迪化階州州判如鏡優貢夢齡夢祥夢松珊際明自輝如愚如珩基遂兆霖全世英俱歲貢夢周夢叶忠武校尉惟自輝全世英兆霖見邑志云武職見邑志者厚仁花翎副將銜儘先參將得勝職銜同上加濟勇巴圖魯必勝得銀俱都司

秦王氏先本王姓風俗通云張王李趙黃帝賜姓是也遠祖居江州之鍬溪宋中葉有少保朋少傅壽江國公世規燕國公韶開國男厚爵五世孫鼎一守江西儒學提舉徙居麻城泰仙里生允福允壽福少奇贅六戶秦子貞女遂冒秦姓允壽之後仍王姓秦王一本合譜同派憲司街太原天水祠即秦王氏祖廟也至今二十餘代中

鄉榜十三人二進士二副進士二副榜中武舉三武進士一　拔貢六　恩貢一歲貢
十二
安一名邦太成化甲午中陝西洛南知縣尚賢成化丁酉中綿州州判尚恭宏治乙
卯中大名府教授鎧正德癸酉中鉅鹿教諭行取陝西道御史懋萬歷戊子中標萬
歷丁卯中邑志無萬歷亦無丁卯稙丙午丁未聯捷進士仝椒桐城知縣行取吏科
給事中祀江南名宦文化癸卯中心正萬歷己卯中壬辰副進士石首商水教諭雲
南同考官升嘉興府通判至康熙丙午中婁縣知縣光辰嘉慶丁卯戊辰聯捷進士
歷武濟遷安滿城唐縣知縣補完縣升滄州署深州遵化直隸州調景州人藩雍正
乙卯經魁乾隆丙辰副進士沅江龍山知縣予鈞同治壬戌中歷陝西寶雞藍田靖
邊盩厔知縣先正順治辛卯副元瀘溪縣丞文勳康熙時副榜文光崇禎壬午武舉
順治壬辰進士文恢崇禎乙卯武舉銅鼓衛守備文調輿文光同科宗正萬歷戊午

拔貢率正崇禎庚辰拔貢中理順治甲午拔貢澄城知縣光楚乾隆己酉拔貢予鈞咸豐辛酉拔貢次年中舉任知縣慶鈞同治癸酉拔貢明歲貢鉞江津縣丞邦甯蒼梧教諭尙友息縣丞尙充長興縣丞尙仁未仕恩九壽州學正尙經福臨縣丞著福潢知縣鳳荆門州教邑志無悚未仕恩顯新甯教諭光嵩乾隆己卯訓導鈞彥亦訓導國鈺康熙戊子　恩貢訓導不由科貢入仕途者桂輝順德府通判伯珠福州府通判學海沅江知縣楚以阜康縣丞權高台阜康知縣世珍以布經歷署中晉知縣德鈞高台知縣尙志知縣秉鈞澤涵俱甘肅知縣尙宏北京後軍都督府經歷霖懷來衛經歷仲應天府經歷尙靑亦經歷尙燮江西織染局大使璧倉大使常長蘆鹽大使民由北京倉大使光黼奉天道庫大使尙表儒官台州同大模布理問光優策鈞按司獄民新縣丞國鈐廪貢考縣丞邦勛納粟內宰邦文吏員蘭倉官尙乾貴州程番府吏目錫遠安典史鈺涵甘肅巡檢武職有二品封典花翎總兵剛勇巴圖魯

隨金將軍勦獨陣亡晉封提督予騎都尉世職曰德勝都司紹發花翎守備鈞彩武生保花翎五品涵藻武生保花翎守備占元

以上所載或秦或王不及分晰以其同祠共譜秦實王姓也

沙河王姓始祖百夫元官百戶自宋賜爵西陲從西戎南渡子萬山襲爵孫也先不花元官左丞見宰相表封提領王平章黃州路兼鎮桃花站見遺碣遂占籍焉卒贈恆陽王謚文貞見元史子孫以爵爲氏至今二十四代多仕沙平會散居大有高橋西砦等會丁五千餘中副榜三正榜七成進士一拔貢一恩貢三歲貢十不由科貢入仕者五

進士一曰華羣中乾隆丙辰己未進士德安府教授舉人秦成進士六曰三極萬歷己卯封邱知縣時忠康熙丁酉綿乾隆戊子侯祜嘉慶己卯幹道光己酉經魁學典光緒丙子選應山訓導署東湖教諭副榜三之獻庚午鳳陽貳尹華平乾隆壬子夢

寅光緒己卯　恩賜　恩貢三風熾乾隆丙申風恂同治乙丑儀吉光緒己卯歲貢
十大節經歷大鼎同上儉亦然之賞武昌府訓導之猷中副榜之京時鏡灝華稷風
連俱歲貢又仕宦四之謨平凉府通判國任浙江湻安知縣國甯四川彭縣知縣之
策四川通江知縣三鳳考授兵馬使
按儀吉貢卷有乾隆甲寅舉人房縣教諭華袞選拔淸河知縣華封指揮使司思奎
考授經歷思亮官承使惠附監考授南城兵馬使司三錫附監考授州判以重附監
考授縣丞以林花翎守備幼慈已上九人惟三錫以重見邑志姑錄於此
王家冲始祖宗三洪武二年由江西遷至至今二十一代人丁千餘嘉慶丙子科中
一人曰南杰自爲一族
光緒丁酉中式者曰寶書胞弟中壬寅補行庚子曰寶善現均在京師法律學堂學
習由江西遷至始祖未詳丁不及千自爲一族

中嘉慶丁卯曰颺謨中同治壬戌曰承志此爲西砦會王姓始祖宗八由江夏遷安住王家嘴丁二千餘自爲一族

王錫九王祥畈河圖畈王家畈等亦自爲一族卽廩貢王式金及子廩貢名藻廩生名藩及生員金相樹藩理川等之一族丁約二千此外載邑志者中洪武壬戌至壬辰成進士者德甫中正德癸丑者道元中萬歷壬子府志載御史者猷中康熙丁卯者復志載孝感人中嘉慶戊午者暎台中光緒辛卯者香中崇禎丙午丁未聯捷武進士者融中順治丁酉武舉者鼎正德癸酉拔貢道坦光緒己卯　恩賜夢寅歲貢明初有國佐天啓有倜有偉有之春乾隆己亥有增爵俱未詳悉

程姓周成王封伯符廣平程國伯爵以國爲氏五世孫休父見常武詩十六世叔本孔子之鄉遭于道傾蓋而語著書名子華子三十九世元昱從東阿漢文封安鄉侯四十五世元譚從晉元渡江持節新安太守帝賜田宅于歙之黄墩爲新安始祖五

十八世靈洗仕梁謚忠壯七十世纂注道德經沖虛經生四子少瑞仕後唐八世生頤顯二理學本支珍開基休甯八十世剛宋樂平縣尹遂居樂平八十九世廿四遷湖北黃陂灄源鄉遂爲陂安始祖至今十五六代明歲貢二人子鳳興國州學正再頤保舉知縣副榜一人之渾淮安知府　國朝歲貢八人之驥武岡州學正之龍道州學正之渫知縣之滝貢生枝江教諭懋根也韻也天桂光洛也均未仕繼善則兩中副元授安慶知府自重則廩貢兩中副車任辰州府教授也應世中康熙壬子副元也有同榜中順治甲午者之澍由絳縣教諭升郴州學正一棐由興國州學正升武昌府教授國子監助教之中康熙丁酉者均任京山教諭也中光緒戊子者欽典大挑教職現當本邑學堂教員也乙亥　恩賜舉人者向榮癸卯由增貢　恩賜舉人者典也保舉花翎四品銜衛守府者耀典優生舉孝廉方正者析任安徽石棣青陽太平等縣知縣加同知銜者常久也明任四川長甯主簿升布經歷者書忠任鞏

昌府經歷者文輝五品銜府經歷兆麒府經歷定乾式穀也中書科中書國衡附貢
現官分部主事者耀也邑志及欽與中卷
夏姓按潛夫論志氏姓稟賜禹姓姒氏曰有夏御覽引風俗通姓有九或氏于號以
號唐虞夏殷也禹國號夏後世又有赫連勃勃之夏有竇建德之夏有趙保忠之夏
有明玉珍之夏姓亦亂矣安之夏姓始祖名材元成宗時侍父彪由進士任公安知
縣遂居焉明洪武四年徙黃岡中和鄉後分屬黃安三世分五房重一重三重四重
五惟重四徙孝感重五徙德安四世元福明指揮副使五世思廣成化乙酉北魁常
德府教授十世時達庠生五品銜教諭十一世廷相國子監典簿以上未見邑志文舉人有咸
豐己未經魁維楨光緒乙亥貢琛武舉有崇禎壬午舞羽康熙庚午亞元廷達乾隆
己亥大魁道光辛卯解元聿脩道光壬戌並補辛酉士元道光辛卯　恩賜副榜秉
中懋修官通城教諭士彬中書科中書加主事之烈考授縣丞並見邑志

周姓按潛夫論志氏族五帝三王之世所謂號也周因氏於號矣廣韻周平王子別封汝川人謂之周家因氏焉姬周以降有宇文之周有北魏獻帝賜次兄普氏又改周有五代郭氏柴氏之周又複姓魏初燉煌周生烈今將安志周姓分列於后

思敬嘉靖甲子舉人戊辰進士累官南戶部侍郎贈工部尚書麻志周姓中四十人進士十五思敬與思久思大思稷思韶兄弟行府志亦以敬入安再三訪問始知敬獨居安斗埠會灣塘周家後嗣今以陵替庶出仍居麻地此一族也

周隆河周家始祖名隆明洪武二年由江西饒州遷黃州明太祖起兵慷慨從戎以軍功授將軍安邑建遂為安人河以人名也二世文二官指揮使孟揚官驍騎將軍七世曰昂廬父墓六年人稱孝子九世嘉漢由隆慶進士戶部主事累官南吏部尚書明史漢川人邑志及周譜俱載大學士張玉廷撰傳源籍安邑繼遷景陵故仍載之又一族也

老鸛嘴周家始祖名儒宋末進士由江西建昌遷黃州生受一受七受七生德茂卜居於安分八戶至今十五代八丁三千珪中成化丙午官通判家棟萬歷戊子己丑聯捷會魁官監察御史提學京畿文炳

恩賜舉人之禮世雄標啟祚楨承玫士炳步堦皆歲貢世鎮太常典簿啟祥訓導厚基縣丞又一族也均見各譜

袁姓按左傳陳轅濤塗公羊穀梁作袁廣韻作爰史記袁盎漢書作爰史游急就章爰展世師古注陳申公後世孫爰諸生爰濤塗因而命氏其後或爲轅字或作爰字本一族也黃安之袁始祖普化因元季兵燹由江西袁州府宜春縣遷居邑北呂旺城明嘉靖建興遂隸安祠墓在袁英河傳村左側有子四長英次勝次宗次滿英分居柏林會丁約萬餘有居麻城者曰銳嘉慶辛酉舉人辛未進士翰林院編修禮科給事中曰學濬道光辛卯舉人萍鄉知縣曰汝霖咸豐戊午經魁孝感教諭曰樹松

歲貢勝分居清凉會大河東西二世祖七武進士敕授明威將軍祖八錦衣衛守備
敕授武節將軍皆禦寇殉難三世鑑銘恩襲懷遠將軍敕贈郎中以上見袁譜志未載紹煥道光
己丑歲貢紹珂亦歲貢珂未入志　惟穀咸豐辛亥舉人歷任長陽漢陽教諭穀孫
思謹庠生現奉天縣丞師衡枝江江陵監利訓導鳳池咸豐己未武亞元春煦歲貢
志未載惟洛光緒癸未歲貢署沔陽州學正存崇奎歲貢鍾祥教諭惟延廩貢京山
訓導用賓占廳城籍光緒壬午舉人己丑進士由禮部主事現官四川候補道存瑞
芝歲貢志未載惟恭惟坦俱歲貢煌光緒癸巳舉人汝癸由庠生勦匪廣西保知縣
分發四川惟坦煌汝癸三人均存宗分居高橋會丁三千歲貢日鈺日達見府志滿
分居東行會丁五千步瀛道光丁酉武舉守備殿傳咸豐戊午武舉京山把總春藻
榮俱府經歷惟洛開報
何姓按北魏官氏志神元帝時餘部諸姓內入者賜賀拔氏改何氏按何譜出韓侯

之後悅公以國爲氏至名儒者易韓爲何明初有萬三自江西餘干縣携子榮甫玉甫次甫祥甫徙居黃陂其後玉甫徙四川次甫徙圻水祥甫徙麻城榮甫則居黃安是爲安始祖生子秀一秀二秀三秀三秀四秀七至今十九代散居大有石灰呂旺斗墩高橋諸會凡萬餘丁攷邑志國幹明正統甲子舉人乙丑進士適康熙甲子舉人甲戌進士蘭明成化庚寅舉人資友嘉靖庚午舉人倖康熙丙午中河南榜舉人光山教諭棠光緒乙亥舉人璞正德庚子舉人歲貢曰遜曰溥聿修通判聿昌縣丞以上見邑志以下見何譜脩明戊子舉人壬辰進士陝西鳳翔知府如亨萬歷舉人國榮江南都司致祥附生保訓導聿璋四川興都典史亦備錄之

鍾姓按世本云與秦同祖其後因封爲姓楚有操南音之鍾負季芊之鍾吳公子燭庸奔鍾吾注小國水衡都尉屬官有鍾官複姓有鍾離黃安之鍾據天錫譜序爲宋桓公後食采鍾離以地氏也始祖曰受居江西吉安府永豐縣明洪武初以軍功封

郕城伯遂定居焉二世雄武三世毅實俱武舉並見鍾譜至今二十代
順治間拔貢順治辛卯舉人壬辰進士官袁州推官推稅徐州督糧通州江南司郎
中丙午江西正主考陝西漢中知府曰琇中康熙甲午曰灝宜章教諭癸卯武舉曰
玗辛酉武舉曰其鐸明天啓歲貢永泰康熙歲貢應遂漢陽嘉魚訓導都勻府經歷
乾隆間曰渾曰僖廩監考授州同曰裕訓應遜應連應造譜載天錫康熙乙酉副元
天與中黃岡籍舉人志未載以成光緒丁酉　恩副榜在修志後
趙姓按風俗通張王李趙黃帝賜姓按史記趙世家趙氏之先與秦共祖蜚廉子季
勝其後爲趙造父華于周繆王賜造父以趙城由此爲趙氏黃安之趙明月會十居
其七道安會只數百丁問賀城裔人以不知始遷何人何時對使歸問士人則曰俱
不家也今按縣志闕列於后
玉峯元進士官樞密使碧峯明進士官團練使洪明太祖徵召知縣敦典官訓導德

常河南汝甯府知府教進士官四川僉事啟賢康熙己卯舉人官教諭文元乾隆戊子舉人光早崇禎壬午武舉應禎順治甲午武舉琦順治丁酉武舉文林歲貢官豐城縣丞應奎歲貢漢陽訓導應瓚宜章崧滋訓導兆麟縣丞丁近萬人列庠序者不乏現肄業中堂學曰光弼即此族也

戴姓按戴譜出宋戴公後潛夫論志氏姓文武昭景成宣戴桓所謂謚也戴固氏於謚矣始祖興明初由江西徙黃州府麻城縣之太仙鄉金場河東岸偕徙者南曰華北曰世英至今二十代人丁七千

世英明進士官指揮使錫綸河南榜乾隆庚子舉人廣東合浦南海知縣嘉應州知州署紹州知府思齊宣德間舉賢良方正官宛平縣行取吏部主事春秀同治壬戌副榜尙第鴻臚寺序班揚沅江訓導正揚銅陵典史大同杭村宏潭巡檢廣德州吏目太平縣丞廷璋大套巡檢安東縣丞之延按照磨直隸龍岩州同大成劉馬司巡

檢歲貢三人鐸在明季範金心芝均光緒三十一年出文銓現以廩貢任歸州學正未入志者錫紱沙場鹽大使克啓歲貢澤同嘉慶甲子副榜監水知縣澤恒歲貢澤長道光乙酉經魁乙未進士開州知州澤遠涑水知縣相勳縣丞啟紳壬戌舉人衛山廣東協鎮元吉際昌秀蘭學誠俱歲貢鳴臯州同繩武縣丞福民千總以上範金貢卷

鄧姓按說文曼姓之國顏注急就篇古國名本曼姓桓十一年傳爲公娶鄧曼杜注曼鄧姓韋昭服虔並同潛夫論曼姓封於鄧後因氏姓考殷武丁封叔父於河北後因氏始祖全扳江西吉水縣進士任德安府推官生子拔貢興九遷居黃陂鄧家冲八世元良始居安邑至今二十二代玆將已入志及未入志而確實者敘之於前其見祥霖中卷同宗異籍者亦附於後

文煜歲貢咸甯訓導廷佐光緒己丑舉人壬辰進士刑部主事弟廷琛宣統元年恩貢子錫標現陸軍部八品筆帖式芝秀壬午舉人現江南候補知縣子士樞吏部

錄事麟書丁酉歲貢祥霖己卯舉人江西餘干縣知縣未入志者四世鑑明正統辛
酉舉人壬戌翰林光祿寺卿五世林南正統甲子武舉廕衛尉七世泰元嘉靖乙酉
舉人鄖西教諭所載遠琛爲癸卯舉人赤城知縣黃岡也廷筠爲己亥舉人宗衡爲
翰林院庶吉士黃梅也文煥爲壬戌舉人炳麟爲戊寅舉人祥麟爲辛巳舉人元龍
爲壬子舉人皆黃陂也倬堂爲丙子翰林則沔陽也親族有布政司理問曰瓊爲布政
司經歷曰琨府經歷曰仕兩縣主簿曰仕禹膺被武職則山西提督以明三品花翎
都司發祥千總殉難邦興

方姓系出方叔按小雅方叔涖止傳卿士也黃安之方始祖名進由福建莆田遷河
南固始再遷麻城安縣立遂爲安人與今二十代丁近萬人

民悅嘉靖戊子舉人乙未進士官副使岳嘉靖乙卯舉人戊戌進士府志山東榜官
參議治庚子舉人壬戌進士官主事鳳正德丁卯舉人濟源知縣民懷加靖庚子舉

人林縣知縣璪咸豐壬子經魁家矩光緒戊子舉人候選教諭現充高等小學堂監學之龍嘉靖甲午武舉之麟萬歷乙卯之元同科之圖壬午伯天啟甲子嗣孔天啓丙午嗣芳壬午淑魯辛酉皆武舉也歲貢則傑官眉州州判一鯤夔府教授之奇潼關教授民昭未任皆歲貢也武職惟千總尚升一人以上邑志 方譜望官鴻臚寺典膳標明中舉人官知縣

鄒姓按春秋傳說邾曹姓出自陸終第五子晏安之後武王克商封其苗裔曹挾于邾爲附庸今魯國鄒縣說文鄒魯縣古邾婁國帝顓頊之後所封至魯穆公改曰鄒史記鄒衍鄒忌鄒陽鄒亦作騶黄安之鄒始祖遷八元進士官主事元末由江西新建縣卜居麻城點兵山今分土屬安生子九慶一徙荊州慶二徙江南慶三徙黄陂慶四徙圻水慶六止慶七徙竹山慶八仍回新建惟慶五慶九二支分居安麻二邑共祠合祀至今二十代考麻志自明迄今共中乙科三十二甲科七最善者士璁由

翰林檢討累官內閣學士兼禮部侍郎汝爲進士知縣行取御史累官鴻臚大理寺卿都察院右僉都御史奉天府尹太常寺正卿皆係麻籍安志則來學由永樂庚子舉人宣德癸丑進士戶部主事累官右僉都御史陟左副都御史巡撫蘇松諭賜葬祭崇祀永平山海蘇松等處名宦祠湖北省黃州府黃安麻城四處鄉賢祠濙天順壬午舉人四川石泉知縣來學子瀹舉人開州同知孫騏成化己丑進士刑科給事中出補參議聯奎道光乙酉拔貢敎諭嶧江西巡檢恒朗盱眙巡檢恒坦布經歷子康河南縣丞樹勛四川巡檢象山　恩賜舉人則確居安境云麻城鄒倬田貢卷

汪姓按廣韻汪芒氏之後左傳有汪錡曲禮曰汪踦黃安汪氏屢訪不得始遷原委廩生劉筠往訪據云卽送譜至卒不至也姑錄邑志如左中乾隆甲午曰楫中道光辛卯經魁壬辰進士由部曹官廣西左江道曰潤中順治丁酉武舉曰之鯨　恩貢則乾隆庚午曰經國歲貢則明有廷美及霑康熙間有霖乾隆間有勉嘉慶間有德

綸則左江道之父也武職則總兵曰翱富俱見邑志

韓姓按史記韓之先與周同姓其後苗裔事晉得封於韓原曰韓武子武子後三世有韓厥從封姓爲韓氏明洪武初始祖儒士樸自江西南昌縣遷黃陂之灄源鄉朱家畈新翱山加靖時立縣屬安至今二十三代其後客蜀客秦客燕客粱碁布三楚者不勝覼縷姑就安言居大成西砦尹興石灰等會最多約七八千丁

三世覺郁拔貢五世仲芳恩貢訓導以上未見志六世宗正歲貢常德府教授誥贈奉直大夫宗芳萬歷庚子科武舉七世際世歲貢訓導八世宗德歲貢眉州學正再任鳳陽府訓導再署府篆九世邦偉拔貢北直宛平知縣邦哲萬歷辛卯科舉人壬辰副進士武昌府教授升四川涪州知州遷山東東昌府同知廷敬貢生廣西賓州州同邦光萬歷戊午舉人十世勳拔貢若勉貢生書舍人張梗歲貢直隸阜城知縣遷保定府左衛張楠選貢儀徵縣佐升泰州知州漢文拔貢十一世撰　恩貢敎諭十二

世王錫康熙甲午解元揀選知縣步月雍正癸卯舉人十三世庚寅康熙己酉舉人癸丑進士歷任河南宜陽唐縣知縣行取升兵部職方司主事智　恩貢乾隆丙子舉人十四世光斗與叔智同科舉人揀選知縣之璋恩貢就職直隸州判成表歲貢訓導十五世大檢更名致中嘉慶戊辰舉人荆州府教授十八世傑廩貢現以謄録議叙分發即補粮捕府据府志倘有歲貢宗望鴻臚寺鳴贊現有廩生三人霖覲傑文銓霖已考宣統元年正貢餘不具文銓開報

孟姓系出孟孫以字爲氏宋進士以忠官統制與知襄陽軍宗政兄弟行忠襄公珙從父也宋嘉熙二年珙帥師救黄事載天台石刻忠防保白沙關境賴以全始由襄陽居麻城太仙鄉建邑後隸安長子琰四川重慶府知府因亂歸築清泉砦禦賊次連宋孝廉大同路推官亦因亂歸隱岱峯山之陽三班宋潭州制置司参議居岱峰之東河西地連之子蘭玉元泉州州判班之子良玉元宛平知縣歸里後俱隨清泉

砦堵禦以上見邑志以下見孟人杰中卷後裔任松溪傳左三角柏林等會四世巖指揮使正舉人五世觀溶孝廉六世詔基貢生九世樞州判十世世泰貴州布政司十一世應璧康熙丁酉四川舉人應瑄壬子拔貢瀏陽教諭升德安府教授再升直隸東光知縣十二世之春恩貢湖南會同縣訓導護理會同縣事再任荊州府訓導荊門州學正之夏縣丞之昌府經歷端四川永甯道十三世道沅歲貢訓導復又歲貢道昇州同世魁康熙庚子武舉四川都司玉衡員外郎十四世正笏乾隆甲子舉人歷官陝西石泉寶雞華陰知縣升員外郎擢貴州大定安順知府清江理苗府署兵備道十五世大鉦歷官蓮花廳饒州府經歷上猶縣知縣對時歲貢歷官德安府隨州訓導襄陽府教授嗣宗乾隆乙未舉人大趾歲貢訓導十六世祜謙歲貢訓導汝昆乙酉舉人密成辛巳副榜州判謙松五品藍翎開甲候選同知芝蘭五品銜謙僉州同人杰同治癸酉舉人光宣四品花翎源魯六品藍翎光璧嘉慶戊寅四川舉人光裕鹽大使

又光裕花翎運同銜麟花翎勵勇巴圖魯即補副將湖廣督標守備光晉布理問光澤五品銜秉薰五品藍翎約十九代三四千丁按邑志自以忠至良玉俱見列傳已下惟正筠汝崑人杰春柳應瑄之春道沅對時立富志具載之祜謙在修志後文華宣統元年 歲貢亦確

彭姓按史記舜本紀禹皋契稷伯夷夔龍垂益之外有彭祖索隱彭祖即陸終之三子籛鏗之後爲大彭亦稱彭祖正義彭祖自堯時舉用歷夏殷封於大彭後以爲氏黃安彭姓始祖慶三由江西遷居麻城橫山頭六世遵古好古于明歷乙酉同科中舉丙戌聯捷進士信古中武進士好古官御史信古官參將七世遵古之後大經嘉靖元年遷安傳二十世丁三千人明進士遵古萬歷乙酉舉人丙戌會魁官尚寶卿
國朝進士之華康熙癸巳舉人辛丑進士德安教授升城武知縣宗達道光甲辰舉人咸豐壬子進士戶部主事剿賊殉節祀昭忠祠宜祀鄉賢以褒忠節也舉人未

成進士者鳳儀明正德己卯中式台嘉靖癸卯中式應會萬歷庚子中式宏詞康熙癸酉中式官貴甕安知縣之華癸巳中式騰蛟嘉慶庚申經魁魁與騰蛟同科中式廣西天保知縣煥興道光丁酉解元宗達咸豐辛亥中式炳華光緒辛卯中式之夔康熙時副榜守法 丁酉拔貢 邑志無 歷選崇禎時拔貢台州通判補揚州遷陝西靜甯州知州繩祖順治拔貢宗選道光己酉拔貢壽儁明歲貢德安教鴻功順治時歲貢賓雍正時歲貢夢蓮乾隆時歲貢國杭嘉慶時歲貢樂壽道光時歲貢泰齡明崇禎壬午武舉岱齡順治辛卯武舉喆也念祖也愈焜也皆縣丞福麟府經勝金游擊

邑志彭譜

阮姓按大雅皇矣篇集傳阮國名在今涇州未詳爵姓按阮譜系出高陽周昭王時西都伯髡封阮爲得姓之始漢晉六朝逸才清德極盛宋咸淳中黃州教授霆官鄂湘兵馬行軍副使去江西吉水家于鄂冢孫仁卿居麻城仲孫貴卿居安安之阮姓

始此貴卿從明太祖攻陳友諒中礮喪元明祖憫其忠詔鑄銅頭追封將軍生子三長壽甫次通甫次明甫通甫居安之北壽甫居南明甫徙黃陂合三大支族衆萬五千有奇至今二十五代矣任官科貢彙述於後

中乾隆丙午者夢夔官江陵教諭中道光辛卯者恩兌官江夏訓導咸豐壬子省城失守殉難中道光己亥者恩元官西安紹嵊等縣知縣中同治庚午者鴻績大挑教職中咸豐辛亥至己未成進士者光鼎　欽點刑部主事升員外郎歷充鄉會試同考官主講河東江漢書院中壬寅補庚子副榜者毓崧道光辛卯　恩副榜者秀松古陝西籍咸豐辛酉拔貢中光緒乙亥恩科解元者永立中乙亥副榜壬午亞元登壬辰進士歷任甘肅靜遠平番平涼知縣卓異加同知銜者初名永鎮更名士惠恩貢則有治遠徵復方玖歲貢則夢皋鑑明光第布理問則善魁按照磨則士英肸子店巡檢徵學襲雲騎尉釗銑同知銜永書現官鄖縣訓導廪貢泰萌皆貴卿裔也

仁卿之後居麻城八中乙科四中甲科不具述阮譜邑志

黃姓按史記黃帝末孫陸終之子封于黃後以國爲氏春秋黃國則爲嬴姓黃安之黃其族各別今將載在邑志及未入志而科貢在修志之後信而有徵者彙列於前其族譜所載與志不符者亦錄之於左方

土黃司宗譜曰始祖萬三江西南昌縣人元至正甲申舉人避陳友諒亂遷黃岡明洪武二年居黃才畈生子祖一祖二祖三祖四祖五五殤祖三中建文己卯舉人官大興知縣祖一居河口新集祖二仍故居祖三居賀家河殷家田西冲四居土黃司縣志伯垓成化乙酉舉人丙戌進士苑馬寺少卿府志入黃岡卷嘉靖戊子京闈舉人府志己丑進士陝西副使勿康熙己卯舉人鳳詔乾隆甲寅舉人鵠咸豐己未舉人祖培光緒癸巳舉人天錫康熙間副榜瑞崇禎庚午武舉玠癸酉武舉漢臣順治間拔貢運石城知縣瑄任奎維垣夢椿薰六人歲貢廩貢前棗陽訓導現建始訓導光祖

州同光第登瀛府經歷金台布經歷瓊縣丞鳳詔典簿鳳清待詔待聘臨桂縣丞橘武職則花翎振勇巴圖魯記兵總兵世襲騎都尉並恩騎尉金堂花翎副將儘先參將玉秀守備文炳廷達

士黃司宗譜卷與祖培之外珱成化乙未進士官御史時中乙酉舉人知阿迷州彥士萬歷甲辰進士官御史澹若順治庚子解元思煜南漳教思詮公安教瀛正統戊午副貢奉天同知漣布照磨澄考州判大鸞景待試俱州判大臣雲化俱歲貢大慶拔貢日槐舉孝廉日蘭布經歷約二十餘代凡五六千丁

進賢村黃氏始祖公望江西分甯入元贈通議大夫宦遊齊安居黃岡應安鄉生子桂卿仕元左丞相同平章事子七榮華富貴進祖茂華富還漢陽黃花閘天門武昌各處榮貴進祖茂居黃岡等處居麻安二邑耆榮貴兩支居多榮仕明浙江紹興衛指揮使從徐中山王征伐有功封昭勇將軍生子五長芳型官昭勇將軍水師右衛

指揮使早卒弟芳遠襲紹興衞指揮使子三執寬襲父職生子四居浙未返六世中正鹽課司大使八世則仕嘉靖戊午舉人陝西知縣十世一明萬歷間隨外祖應存初宦遊至安贅于彭因中和鄉析自岡邑卜居進賢村今名黄家老屋也生子道啟道章章之後貿遷河南桐柏縣未返道啓布政司經歷子四高橋會之黄家老屋黄家岡黄家田楊樹塘沙平會之單庄田東行會之陳家田棗林會之蔣家園許家畈獅子冲及邑城内皆其苗裔至西砦會之黄家灣楊家嶺駱家田大麻冲石灰會之石子墩均賁分之後計二十代不下萬人有名璨者明拔貢名鋼者明副榜名極者明萬歷舉人俱載宗譜邑志無之登志者鵠爲咸豐己未舉人夢椿爲乾隆時歲貢薰爲道光時歲貢

石姓系出石碏史記仲尼弟子石作蜀或以爲複姓北魏神元帝賜嗢石蘭改爲石氏石亦非一氏也始祖新甫宋時宦籍世仕齊安岐亭之西八里灣即今黄安中和

鄉水岩會至今三十五六代十三世休明歲貢二十世熙仁任四川同知三十二世音諧道光壬辰副榜葆輝翰林院待詔璐道光　恩貢希謨議敘七品希謨議敘八品三十三世寶香同治癸酉科舉人琨光緒丙子舉人江夏縣教諭調夏口廳訓導又調東湖教諭金光緒壬午科舉人江陵教諭此皆居邑南者曰南石外有居邑北者曰北石光緒丙子科　恩賜舉人丁丑　恩賜翰林院檢討名晶水中道光丙午副榜枝江訓導九華中光緒乙亥武舉加都司砥中翰林待詔有葆純秉蓉而楚珩之藍翎五品錦瓏之衛千總成名之遊擊銜儘先都司亦並識之石琨中卷及邑志

徐姓按廣韻顓頊之後春秋時徐王偃爲楚所滅其後氏焉黄安之徐來自江西祖不一人居道安會曰斗山徐約二千丁咸豐戊午解元庚申進士吏部主事名宗一居長山會曰徐家河約一千餘丁居柏林會曰小徐家約一千餘居東烟會上下徐家約二千丁居育兒會覓兒寺徐家崗光緒乙亥武舉丙子進士名連元丁千餘道

光己酉副榜名克達居徐馬砦二千丁居斗墩會日官山徐約一千餘丁現在省垣充工業傳習所堂長名自新居東岳會崔家邊約二千丁而崇禎壬午中武舉則名萬憲

江姓本伯益之後爵封於江後以國爲氏黃安之江始祖其祥江西樂平縣人元文宗時欽差湖廣操江管理鈔稅遂居黃岡赤土埠生子九萬一至萬九萬一嗣止萬二官鹽運使仍故居子泰輔亦鹽運使生梅軒淮安通判生希仲希仲生道安道清道安居黃岡新洲涼亭灣道清生祥祥生秀定居安之馬埠頭是爲安始祖秀生德珠德柯德潤是爲安之三分珠分居東岳會馬埠頭三師會西焰砦等處柯分居清涼會桃花鎭土墩頭等處潤分居東岳會蓮花山北劉宅等處舉人則中崇禎己卯分宜知縣載清康熙庚子中式者天池乾隆辛卯中式者渲風道光壬午中式者昌煥副榜則中順治庚子者文祥康熙間有濯之咸豐戊午　恩副榜者昌會　恩貢

則道光辛卯年澤至同治壬戌年月華官雲夢教諭歲貢則惟清任竹谿訓導在順治時宗在康熙時鎮東在道光時武舉中順治甲午任直隸守禦厥名之鯨文職有鹽提舉如練繁昌縣典史樹常現任鳳台縣暾曈司巡檢士美現以廪貢分部主事匯東或曰天乙武職歷保擊兆進邑志江譜

馬姓按姓苑本伯益之後趙奢封馬服君後因氏焉又司馬巫馬乘馬皆複姓又風俗通有白馬氏又馬援立銅柱岸北有遺兵南對銅柱悉姓馬號曰馬流一作馬留黄安之馬係老籍土著有二三千丁向無科甲咸同間以遊擊署道士洑都司旋任竹山協中軍都司卒贈武義都尉及祖父皆如其官曰有功歷署宜昌鎮標左營守備護宜鎮左營遊擊署鄖陽守備竹山協中軍都司補提標前營都司曰有德有德歸住邑垣因志載宋丞相馬廷鸞攷宋史係饒州樂平人疑馬姓或廷鸞後調閱馬譜究不相涉也

胡姓按左傳庸以元女太姬配胡公注胡閼父之子滿也漢書藝文志胡非子三卷注墨翟弟子周官考工記妢胡之笴注妢胡胡子之國在楚旁又史記謚法解彌年壽考保民耆艾曰胡又複姓東漢八及有胡母班胡之姓不一矣黃安胡姓惟城外胡家灣係板倉吳由明令應存初命氏曰扶自改爲胡餘亦分族甚衆而以大金山爲最茲爲彙叙如左

大金山胡氏據譜文定公之後一世伯二二世居黃岡中和里大金山元季避地江西德興縣明初以客丁立功鄱陽官武昌二世金山洪武丁丑進士官左都御史三世信齋歲貢四世九成宣德中武進士指揮使五世以恭襲守備與弟以晦以映分三支此本恭分支譜也七世虛太選貢績溪知縣九世克恭正德間歲貢十世軒經歷鏜歲貢十一世楚玉萬歷己卯亞元（以上不見邑志）十二世伯天啟甲子武舉諱言增生中第四名十三世明直歲貢訓導志有明孫亦歲貢志無十五世海乾隆庚辰　恩貢

志載乾隆庚戌　恩貢子龍咸甯教諭豈郎一人與又有中順治戊子武科曰文炯康熙己卯曰紹虞歲貢曰聯芳議敘州同曰自芳雍正己酉拔貢庚戌　朝元歷任江西安仁瀘溪鉛山知縣升饒州同知譜言載府志黃岡志則占籍黃岡也邑志俱未載載志者中嘉慶甲子民惠又有中萬歷戊午文舉者贇華中崇禎壬午武舉者曰順曰白順官北直千總升天津掌印都司殉難道光辛卯　恩貢美勳明天啟歲貢應祥光緒庚寅歲貢現就府經歷分發河南元福武職則咸同間有提督世英總兵景運究不同族約數千丁

毛姓系出毛伯與魯衛諸國同祖文昭毛氏實姬姓三國魏志毛玠陳留平邱人官尚書僕射以事免官府志玠傳攜其幼子流寓麻城麻志玠墓在邑東十五里花橋河居麻之五腦山者九舉人三進士居古城畈者二舉人一進士皆其裔也黃安之毛始祖秀八明初由麻之西南鄉永甯村遷八里灣毛家田七世忠賢復遷龍峯嶺

又名毛家嶺自忠賢至今歷十四傳分居于馬頭鋪竹家田等村丁不滿千列庠序者頗多中咸豐戊午舉人同治辛未進士　朝考第一翰林院庶吉士甲戌授職編修子蔭桐光緒乙酉拔貢中戊子解元戊戌大挑二等選漢陽縣教諭

余姓系出由余莊子宋有漁人余且江西之余宋有四代五尚書元末名萬一者避亂居南康徐壽輝陷南康名仁甫者遷黃邾萬一生義園義園生仲七明太祖召爲國子助教不至生子五次曰省一與吏部尚書詹同友善贅於吳吏部尚書琳家爲其妹倩中洪武中進士官南京指揮使生子四長琇一洪武丙子舉人由教諭升河南原武縣生世祿拔貢官四川金堂教諭十六世鑾正德辛未進士大理寺丞十八世大豪順治二年迁居邑城北街約十代　以上俱見余譜

曰志明永樂癸未舉人河南成都教諭曰開運布政司經歷曰開譜按察司經歷曰文華光祿寺署正曰榮裕守備曰道南花翎守備曰有祥有鈺均藍翎五品以上惟

開縉開運見邑志封贈
余姓居徐家邊亦仁甫後文煥咸豐戊午並補乙卯四川西昌達縣知縣劍州知州楙棠中同治壬戌並補行辛酉文煥子中珩中光緒己卯副榜前德安府訓導現署房縣教諭中琳由廩貢現安陸縣訓導轉教諭明有瀏陽教諭欒近有花翎同知銜知縣文斗四房千總文海大房俱見邑志

宋如辰質疑

邑志宋如辰字震懷康熙甲子舉人己丑與傳臚張希良同榜進士翰林院庶吉士仕宦志翰林院編修詹事府中允詢之安人以爲邑西宋姓是其故居改府志黃安無宋中允名　國朝黃岡宋姓中乙榜十六甲榜六必達順治甲午舉人辛丑進士敏求康熙戊午解元己未進士官檢討如辰甲子解元乙丑進士累官左春坊左中允餘不具敏道康熙壬午舉人應辰乙酉舉人本敬乾隆己卯湖南解元榜姓陳餘

亦不具

按府志必撻傳于敏求如辰傳弟敏道敏求敏道必兄弟行矣表有如辰又有應辰如辰應辰亦必兄弟行矣然府志如辰字斗凝弟徽道孫本敬本敬傳如辰孫陳恪勤公鵬年其外祖也往依之因隸湘潭籍中湖南解元如辰果安人何以安志不及敏道不及本敬惟一字震懷一字斗凝一載己丑一載乙丑一係解元一係散榜惜無館選錄進士錄一解決耳（通志亦不在署中）抑又思之黃安邑西鄉宋姓自附於中允之族志誤載歟豈中允有同族居此抑中允後裔徙此歟今宋姓無士人族亦甚微屢訪未悉故誌以傳疑

按氏族例目云境內有何大姓因何受氏何時遷入本境至今若干代云云竊謂大姓必以科甲仕官人丁爲衙兼盛尙已得二得一亦固敢略惟是采訪無人又不敢潦草塞責再四詢訪或本貢卷中卷或本家乘証以郡志邑志廳志參伍稽

攷勉成此篇如有訛漏以俟君子

宗教

三代盛時作君卽作師教統在上至孔子集大成而教統下移至戰國而諸子各以術鳴孟子闢楊墨而漢盛黃老晉崇莊老釋迦萌漢明帝熾梁武帝去一道同風之世遠矣回教興初唐創自摩哈麥由天方而傳東北安無習司蘭者回種爲阿剌伯人安亦無有喇嘛紅教起於烏斯藏黃教演於宗喀巴安更罕傳耶穌教向惟老山羊角二會有傳習無教堂光緒壬午年始在城西街賃屋立堂尙未大盛乙巳夏間勢大熾邑人立天主堂公所以相抵制經附貢李明道上控後始安靜天主公所亦閉歇入耶穌教者約二三千人今則民教相安云

實業

士列庠序四百餘人院試文童一千餘人文理粗通十之三明順十五六朗暢十之

二以十餘萬男丁計約二百餘人一士也
農痒耕芸女勤紡織合邑皆然作工小貿亦兼農農居十之八九矣
木工稱博士石工兼泥水匠曰石匠竹工造筐筥箕簞陶人造瓴甓造瓶缶甕盎冶
則攻鐵鎔錫作洋鐵器手工製秤陶人多謀生河南攻鉄及鎔錫作洋鉄器造秤多
食其藝于四方合計得十之二三
商以四川重慶爲盛合岡廠曰黃帮購棉花于新洲岐亭宋埠舟運至川載土藥售
宜昌沙市岳州獲利不貲貿漢口岐宋及河南之光州新集仙花及本邑各市數亦
夥約一二萬人非商非醫賣藥雲貴及東三省又數千人韓退之曰業精於勤荒於
嬉言士也農工商顧可舍業以嬉乎然勤其身弗勤其心業何自而精將與荒等誚
今士既謀新立學堂矣農蠶林漁工藝商務令守舊而不思改良而進化吾恐優勝
劣敗爲赫胥黎氏所竊笑也天演例然務實業者其可忽諸

地理

湖北省東北二百四十里黄州府西北二百四十里廣八十里袤百六十里東四十里至謝家店與麻城界至麻城治百十里

西四十里至兩河口與漢陽府黄陂縣界至黄陂治百二十里

南八十里至高林鋪與黄岡界至黄岡治二百四十里

北八十里至天台山陰與河南光山縣界至光山治二百二十里 以上四境

東南至麻城界六十里

西南至黄陂界七十里

東北至河南光山縣界八十里至光山治二百五十里

西北至河南羅山縣界八十里至羅山治二百七十里 以上四隅

析自黄陂

灄源一鄉析自黃陂由老君山自北而西逾黃陂站仙居山乳山冲口老山官倉河蜂子山橋流河兩河口循響壇廟柏林港巴林石周墩山馬吼山牛岡路口槐皮坳夏十一山紅麻山項家坳道明山以西迤南爲界於黃陂境內析灄源鄉之里八

析自黃岡

中和一鄉析自黃岡由馬鞍山紅蓋山上官山碎石嶺界牌逾紫檀河循道人山高家林香山寺黃岡嶺馬埠頭以南爲界於黃岡境內析中和鄉之里十二

析自麻城

泰平仙居二鄉　自麻城逾黃重九小河循霍家橋折而東由萬明岡至松溪河沂謝家店河循賀受山河向打石山古城山觀音岩土門山王襲山雙峯尖紫雲砦雞兒岩石牌槐樹凹楊眞山石丈山廟峯山雙山寨東以北界于麻城由羚羊山道士山清風嶺黃石岩逾西界河至天台山以西界于光山析麻城太平仙居二鄉之里

二十　合共四十里今爲五十會

按當時有設東廳自松溪河南下直割岐亭以西西廳由蜂子河直割兩河口以東方爲完域初有是議爲當事所格二方猶混錯云

三鄉五十會 古蹟祠廟坊表橋梁市鎮學堂

泰平仙居合言曰泰仙鄉亦曰泰仙里計二十一會中和鄉亦曰中和里計十七會灄源鄉亦曰灄源里計十二會城內及東門外曰東半南門外曰南半俱爲大有會東界葉油道安正南高橋東南沙坪西北徙義正北徙義道安西南東烟

城內古蹟學易精廬志云在學宮右尚書府前周柳塘題今圮耿氏花園名自得在東門內今廢憲司街今圮總署有考附後

祠廟　文廟在西門內城隍廟在南門內左楊泗廟右福神祠　火神廟在後西街呂祖祀東城敵明樓前令孫又驊祔　帝主廟在北街之東廣善庵雙椿小廟均在

憲司街玉皇閣在土井街奎星閣在街東城上慶慈庵在西街

耿恭簡專祠在鄉賢祠右再西爲耿氏大祠右鄰

文廟者應公祠（前明安令名存初）祠左有程姓祠　縣署後延陵家廟（吳祠）火神廟左盧姓祠

祠後左方耿姓祠　後西街李姓祠　左爲陳姓祠東門內　熊姓祠　何姓祠

韓姓祠　黃姓祠

外有敬節堂（土井街）豐豫倉　保赤堂（俱後西街）

城內坊表昭代名世坊（爲吳琳詹同鄒來學耿定向定力五人建今圮）督學京畿坊（在南街上爲御史周家棟建）天寵三錫坊（在南街下爲封君耿大振耿金建）都御史第（爲耿定向建在後西街）恩榮坊（在縣署前爲封君耿金建今廢）恩封坊（在泮池角街爲封君周孔建今廢）世沐天恩坊（在憲司街爲王惠妻節婦黃氏建）又節孝坊四一在儒學巷爲庠生程翥妻郭氏一在南門內爲王懋妻張氏一在南門內爲盧濂妻鍾氏一在縣署後爲庠生吳泓妻馮氏又烈女坊在節孝祠前爲程國泰聘妻祝女今圮

城內學堂捕署右模範高等小學堂向為萃英書院前令亞改崇實書院併仙灝書院於此後改學堂增購基址架造縣署

左兩等學堂前令許創構試院今改學堂

城外古蹟杏花村相傳王元之清明日過此有借問酒家何處有牧童遙指杏花村句明耿汝念於村口建橋取名問有志云邑東二里許泉甚芳洌或以為陳摶隱處　洞龍書院吳心學講學處在似馬山

城外廟宇土主廟在東門外武廟東門之南東岳廟東門之北東林寺東門之東迎春于此又有冷家堂一名綠照庵白衣庵淨土庵南門外有鐵佛寺一名六壬庵南極庵居仙山廟發舉寺　問有橋杏花村口　王氏石橋　武廟內小學堂

憲司衙附考　明史職官志云吳元年置各道按察司設按察使正三品副使正四品僉事正五品十四年復設各道按察分司十五年又置天下府州縣按察分司以儒生王存中等五十三人為試僉事人按二縣凡官吏賢否軍民利病皆得廉問糾舉十六年罷又云明初制恐守令貪鄙不法故于直隸府州縣設巡按御史各布政

司所屬設試僉事已罷試僉事改按察分司此分巡之始也分守起于永樂間每令方面官巡視民瘼後遂定右參政右參議分守各屬州縣　街名憲司以此現改把總署署前四石獸猶存

漢東南大有

從義會附城西城北及城東北正東界葉油東北道安正西東烟正北係龍西北河

古蹟　西門外里餘古城遺址不詳何代意必南北朝宋之建昌梁之梁安或建甯梁豐土著極少故不可考　鼇峰亭文昌宮對面遺礎尚存　仙湖書院前令　明御史周家棟故宅西門外里老鶴嘴

祠廟　文昌宮河邊　龍神祠北門外　觀音閣　鐵佛寺　竹隱菴　柏林廟　東岳廟　峰山寺　王家堂乃李氏祠　戴家林祠　程家堂祠　李態廟半廟半祠　坊表北三里店節孝坊爲秦輝萼妻戴氏立

橋梁　黃石橋　白石橋　五里橋　西門　北門　南門木梁　市鎮無　學堂

東岳廟　李態廟　李家堂李臚聲別禁改建

道安會邑北三十里東明月西係龍南徙義北長山

古蹟無

汪氏　趙氏　高氏　李氏　徐氏　各祠

龍潭寺河水環繞竹木森然爲安巨剎前遇寇亂與永安界林同練備勇　永安寺

居山半林茂山幽富亞龍潭　李家堂　梅家堂

牌樓店坊二座

萬壽橋　打鼓嶺新店集商家店三小集

學堂在龍潭寺

係龍會邑北三十里東道安西河漢南徙義北雙城

古跡　市鎮　橋梁　俱無

鄒家堂　高廟　迴龍寺　學堂二　高廟　迴龍寺

長山會邑北三十里東柏林西係龍南道安北盧劉

聖人湖邑志平原中可三十畝滙水不涸未詳名所自始

萬氏　石氏　鄒氏　各祠　文昌宮　大山寺

萬壽橋　古風嶺小集　學堂在文昌宮

坊表無

柏林會邑東四十里東割茅西長山南明月北盧劉

古跡無

袁氏祠　黃義祠　劉子河祠

柏林寺　晏家寺　興隆寺　大徐家堂　古劍菴

諭葬坊爲耿恭簡立在袁英河

袁英河橋劉子河橋
袁英河店　柏林寺　大徐家堂　兩學堂
河漢會邑西三十里東係龍西徙義南東烟北華河
佛埨山　邑志古有佛埨因名
楊氏　羅氏　劉氏　張氏　車氏　陳氏　胡氏　各祠
界林寺　喻家堂　毛家堂　祁家堂　羅家堂　白衣菴　漢廟
况家河橋
石嘴鋪　趙家嘴　南北賀家岡　西三里店　俱小集
上半徐家寺　小學堂將成
訪表無
東烟會邑西二十里東徙義西西林南高橋北河漢

元葬烈將軍李牧林墓在劉通砦對面　明御史督學京畿周家棟爲父塑像于天馬寺今存　現官軍機員外郎陳鴻翼等之祖墓在劉通砦下

李氏　詹氏　黃氏　各祠

武聖廟　天馬寺　古松菴

遇仙橋　姑嫂樹橋

涼亭岡小集

古松菴　小學堂將成

坊表無

雙城會邑北四十里東柏林西係龍南長山北龍潭

雙城司墖志云邑北三十里元季羅田徐壽輝倡亂僞相鄒普勝馮瑄佐之據此北打鼓嶺南係馬冲普因以名墖卽所建也

鄒氏　吳氏　張氏　各祠
文昌宮　東岳廟　新安局
坊表無　不寓橋
七里坪北通光羅南達江漢扼要紮堡錫名新安糧食囤積轉運外銷安之市鎮此
爲差勝淮鹽緝私局分駐于此
文昌宮　新安局　二學堂
上庄會邑北六十里東雙城西棗林南龍潭北光山
天台耿恭簡讀書處志云山形類台巧若天造嶺峻而險洞廣而深洞前羅怪石花
木韻之春夏之交爛如錦緣溪入夾岸林尤美石尤奇泉涓涓不息有寺名赤城由
赤城而上爲台峭立數十仞廣數畝鳥道躋焉有門三曰離垢息緣達天離垢門左
曰坐忘台台右臥龍洞作霖池旱挹水祈輒應又有探奇窟告天爐了心關留月岩

賓暘壁撫松岩披雲峰諸勝宋元時曾立砦于此宋純佑嘉熙二石刻猶存

席氏　秦祠　鄒氏　各祠　赤城寺　天台山頂　小廟

福德橋　市鎮無

席祠　秦祠　東岳廟　俱學堂

棗林會北七十里北光山東雙城西站會南華河

陶僉事采讀書處在報恩山志云石壁峭立手泐七絕於壁間今存報恩山上思親一句

黄姓　熊姓　陶姓　鄧姓　各祠

七寶山廟　普安寺　九峯觀　金家台廟　三家店廟　存德庵　公義寺

翹秀亭熊祠側　節孝坊在鄧家橋為陶宗樹妻彭氏建

鐵石橋在大塘灣　鄧家橋　學堂在祝家樓祝姓捐建

市鎮無

華河會西北四十里東粟烟西石炭南西林北棗林

古蹟坊表無

董氏　金氏　吳氏　武氏　張氏　華氏　西汪氏　劉氏　各祠

楊家寺　東岳廟　三台菴

華家河石橋　華家河小市

金氏祠　學堂

黃陂站會邑北九十里東棗林西呂旺南呂旺北羅山

胡文忠公飭建碉堡二座交豫省界故將雙城巡檢移此有外委一員淮鹽緝私營分駐焉

熊氏　劉氏　金氏　各祠

南廟　白衣庵

坊表無

五里橋

黄站集小市

白衣庵學堂

老山會邑西九十里東呂旺西黄陂南羊角北羅山

古跡坊表學堂無

張氏　余氏　包氏　李氏　蔣氏　各祠　老山寺

余家河橋　余家河　橋店　阮家渦　俱小集

羊角會西北七十里東呂旺西黄陂南石灰北老山

古蹟坊表無

吳氏　周氏　錢氏　曾氏　劉氏　一家祠

蜂子寺　火王廟　韓錫寺　本姓寺　彌陀寺　關帝廟

劉家橋　四姑墩橋

四墩墩小市　四姑墩公所　學堂將成

石灰會西北四十里北呂旺東河漢華河南尹興西羊角老山

佛塔山古有佛塔今廢

王姓　何姓　黃姓　各祠　王家廟　高山廟　龍王廟

黃才畈有節孝坊

永壽橋　華兒橋　王亞橋

市鎮無

學堂

呂旺會西北六十餘里東棗林西老山羊角南華河北羅山

呂旺古城不詳何代疑南北朝立十八蠻際有女酋據此俗以女王呼之故閭廡陂皆有女王城也

仙居山相傳抱扑修道處

黃姓　李姓　何姓　伍姓　各祠　呂王廟

貞孝坊呂旺城南爲黃泰妻吳氏立

市鎮橋梁學堂無

大程會邑西四十里東西林西黃陂南尹與北石灰或作大成大城

大程山小程山程明道伊川二先生生于黃陂嘗遊此二山地以人名

韓氏　祀氏　陳氏　吳氏　各祠　楊家廟

坊表無

橋店　田店小集

學堂一　舊有程鄉小學久廢光緒戊申庠生韓錫琛與吳姓買屋搆訟陳令漳因
飭韓姓與學斷歸韓姓製有修復程鄉小學序文

西砦會正西西十里西北西林東高橋東南王德三師南及西南正西西北俱黃陂

北大成

古跡無

陳姓　吳姓　王姓　各祠　桐柏廟　無爭堂　歧峯山新廟　九龍寺　善會寺

坊表市鎮橋梁無

學堂四　無爭堂　善會寺　吳姓祠　陳姓祠　均將成

高橋會西十五里正北大有正東沙平西西砦南王德東南三師

吳汶店　明戶部主事吳化之高祖名汶歲饑作粥以贍流人搆茅屋以棲之遂成店名之以其人在王姥砦

萬槿園吳禮部化作曲蘿書屋亦吳化作今爲磨釜寺

楊家堂廟

高橋橋高而堅故會以此名無河一道橋

程河寺堡學堂將成

沙平會正東十餘里東斗墩西高橋南土墩北大有

五雲山塔舊名五名明太守周思敬更名五雲桃花大寺相傳宋蘇軾三訪陳慥至此題聯云茲草田邊帶雨桑麻隨意綠桃花洞口入空燈火萬予紅其旁爲方山子故居寺側鐘鼓樓明吏部尚書吳琳建

百望山書院沙河王氏建在寺後錦屏山蔡氏書院

桃花鎮宋元孔道元也先不花駐此南達武漢東往岐宋要路宋陳慥流寓於此今爲小市

三里橋　斗埠河木梁　沙河木梁

王氏祠沙河　余氏祠二里河　郭氏祠

節孝坊節婦王惠妻立桃花店南

小學堂二 沙河王祠 十里鋪上東岳廟

王德會正南二十餘里南三師西西砦東清涼北高橋

詹店小市

詹氏祠在上詹店祀明父子吏部上書詹同詹徽 東岳廟 王德寺

宋家堂廟與高橋西砦連界

楊大橋可方高橋

古跡坊表學堂無

三師會西南四十餘里東南清涼黃陂西北西砦正北王德南金山東北沙平西南

育兒

詹店 茶棚岡店 俱小集

截氏　劉氏　姚氏　方氏　江氏　各祠
三師廟　官幕堂 有坊有店水口寺　大金山廟　賈家圴古廟
古跡坊表學堂無
清涼會邑南四十里東東岳西三師南中和北沙平
郭伋墓地名郭伋岡在胡家田南首宋相蔡京墓在大塘灣西山烏石冲
熊氏　劉氏　袁氏　李氏　蕭氏　胡氏　吳氏　各祠
白雲菴　彌陀寺　天井寺　清凉寺　橫山寺　水口寺　廣應菴
袁家畈橋　五里橋　迎春橋
柿林鋪　板倉店　土家店　俱小集
西半學堂袁氏祠　東半廣應菴
坊表無

金山會正南五十里東卓旺西育兒南育兒北清凉

古跡無

杜家涼亭 小集

周氏 張氏 霍氏 各祠 興安寺

分水嶺石橋 霍家畈石橋

坊表學堂無

育兒會西南六十餘里北三師西黃陂南西行東金山

古蹟無

阮氏 周氏 夏氏 各祠

覔兒寺 崇福寺 求兒寺 顯靈寺

宋家橋 普安寺

小學堂二　覓兒寺　周家灣　俱將成

西行會正南七十餘里北育兒南黃陂西黃陂東蔡祠東行

銅頭將軍阮貴卿墓大廟後　護理陝甘總督李廷簫故宅東屋嘴

新集小市黃陂界對面即兩河口

阮氏祠在行祠橋　夏氏祠　李護督祖祠楊家田　吳王廟

福隆寺　洪福寺阮銅頭將軍故宅

行祠橋右紀山灣前板橋

小學堂一右　劉家冲口　夏宗華

東行會邑南八十里東張店西育兒南西行北卓望

古蹟無

張氏　柯氏　王氏　阮氏　鍾氏　各祠

王姓大廟　龍泉寺　坊表無

大廟橋　黃家石橋　涂家嘴橋

坐板店　棣林岡小集

學堂無

卓望會東南五十里東麻城北東岳東北傅左南方廟張店西金山西北清涼

椿樹店

劉氏　謝氏　吳氏　各祠

土主殿卓望山下　熊勝一會廟卓望北

三里橋　泗水橋　包茅岡下橋

古蹟　坊表學堂東半謝氏祠

中和司會東南六十里東卓望東岳西南均卓望北清涼

元閩南招撫使吳溫墓尚書吳琳之祖名七星頂　吳西山先生墓吳琳之父
三公井元吳應澍開井十九以濟行人祝其子孫為三公也子琳果官尚書　開國天官坊在中和司街為明吏部尚書吳琳立
吳氏　蕭氏　各祠
高家山寺　李家寺　普慶寺　八角寺　古高公廟
巡檢署前木梁官渡謝姓捐建
小學堂二　雲林家塾廩貢方以南立　履仁義塾周姓立
張店會正南九十里北東行方廟西蔡祠東水岩南紫潭
天津道劉秉琳墓太平橋側編修毛五和子拔貢解元蔭桐宅
李氏　劉氏　毛氏　辛氏　王氏　各祠　八覺寺
太平橋　萬壽橋
坊表學堂無

蔡祠會邑南九十里東紫潭西西行南黃岡北東行

古跡無

劉氏 胡氏 夏氏 熊氏 姚氏 陳氏 張氏 李氏 各祠

龍旺山寺 慈慧菴 高峯山寺 廣姓寺

熊家 夏家 胡家 汪家 陳家 姚家 鍾家 鄧家 太平

凍心 共十橋

李掀棚岡小集 坊表 學堂無

紫潭會邑南九十里東水岩西蔡祠南黃岡北東行

古跡無

劉氏 陳氏 各祠

廣勝廟

坊表無　市鎮無

紫潭河橋　廣勝砦學堂將成

水岩會正南稍東九十里北方廟西蔡祠東麻城南紫潭黃岡
對面

耿氏兄弟尚書祖墓在大石家田名金線釣胡蘆李護督廷簫墓地名六柯樹朱宅

余氏　施氏　各祠　水口寺　水岩寺

謝家石橋 樓子坳後

坊表無　學堂余家集

方廟會正南七十里東麻城南蔡祠西北俱卓望東南紫潭水岩

明吏部尚書吳琳墓 地名風樹岡　盧氏五進士祖墓 玉川溪上三里許名猛虎跳澗

天津道劉秉琳父子進士宅

八里灣 市鎮

盧氏 宗祠在由八山支祠口盧家堂 劉氏 戴氏 各祠

盧氏家廟 方家寺

廣祠橋 寶劍橋

義氏坊 八里灣河東明正統六年爲邱文立本婿盧 節孝坊 八里灣望河墩爲盧堯臣妻彭氏立

小學堂 盧氏家廟內 文仙入山

東岳會邑南六十里東傳左西清凉南方廟北土墩

古跡無

江氏 涂氏 余氏 周氏 各祠

余家寺 涂家廟 金堂 王家堂

坊表無

涂家橋　孝子橋
馬埠頭　椿樹店 小集
學堂設于金堂
尹與會邑西四十里東西林西黃陂南大成北石灰
古跡無
古氏　徐氏　劉氏　曾氏　各祠
尹家廟　洪安寺　五龍廟　水口寺
上新集　下新集 小市
坊表　橋梁　學堂無
傅左會東南五十里東南麻城西南卓望西東岳北斗墩
道義書院 洪武間葺級建現改學堂

永佳河小市　孟家祠在鄭家畈上
蔡家廟　松月庵　尹家廟　福勝寺　水口寺有木橋　大屋廟　長冲寺　左家
坳廟
永佳河轉棚橋　龍頭橋　傅橋　峰山石橋
尹家岡牌坊在永佳河
土墩會東南四十里北沙平正南清凉西南清凉東松溪西清凉西北沙平清凉
江氏祖墓名金龜朝斗
樊氏　楊氏　江氏　金氏　各祠
普濟寺寺北有店名土墼頭　樊家廟
鮎魚山小石橋
江彭年妻孟氏節孝坊在栗林店

小學堂　樊家廟

松溪會邑東三十里東廊城西沙坪南傅左北土墩

方山子故里相傳在桃花鎮元也先不花鎮此北達光羅至邑城東通岐宋南往武漢洵要隘也

孟氏　張氏　黃氏　余氏　吳氏　各祠

大寺　程家廟　東岳廟獅子口上二里

坊表無

龍頭橋　東岳廟石橋己酉年重修

桃花鎮小集　二里河小集

學堂無

斗墩會東三十里東廊城西松溪南傳左北棄油

古跡平山樓高六丈餘明周尚書建今圮 明周思敬尙書故宅名灣塘至今花樹花蘤古木古器甚叢

劉氏節孝坊 歐家橋 捲棚橋 黎家橋 歐氏 熊氏 劉氏 閔氏 汪氏

徐氏 各祠徐氏數百年來無一賭博之人家規森嚴他族罕有

細廟 八角廟 大塘山廟 洪花冲廟 歸元山廟今爲自新種植蓄牧公司

八角廟 姜家塘 二學堂 徐氏初等小學堂

龔油會邑東二十里東麻城西道安南陡墩北三角

耿氏兩尙書祠墓名金斗轉車

耿氏 李氏 向氏 葉氏 張氏 鄭氏 各祠

碧岩寺 蔡家廟 鄧家寺 黃坡圳 小姐洞 團燈寺 碧雲寺

藥方河小集有橋 油搾河橋 百籮垸橋

耿氏祠 蔡家廟 兩學堂

三角會邑東四十里東麻城西道安南葉汕北明月

石林樵洞蔡儀鳳等十七人從耿恭簡著書講學處石林山房明侍郎贈尚書耿定力著書講學處

吳氏　耿氏　駱氏　闕氏　包氏　李氏　姜氏　張氏　各祠

仰天窩　蓋嶺寺　石林寺　新安寺　覺黃寺　水口寺

山道橋　劉家河橋

兩道橋學堂

坊表市鎮無

明月會邑東四十里東割茅西道安南三角北柏林

古蹟市鎮無

趙氏　甘氏　祠　明月寺　東岳廟　東峨寺

趙映高妻盧節孝坊在宋家邊

潭畈河橋　舜鳳衆小學堂

葛毛會一作茅割邑東北四十里東麻城西柏林南明月北墖兒

古跡無

張氏　盧氏　閔氏　各祠

高山寺　霸脚廟　粘穀冲廟

張家店小集　坊表　橋梁　學堂無

塔兒會邑東北六十里東麻城西盧劉南割茅北長水

古跡無

程氏　汪氏　來氏　藍氏　王氏　各祠

十丈山廟　三士菴　普濟寺

檀樹岡小集　普濟寺學堂

坊表　橋梁無

學堂在紅霞邊

長水會邑東北八十里東麻城西盧劉南塆兒北光山

雙山豐統志云兩岸萬仞一竇九折怪石欲墮驚濤如雷武夫過其下亦逡巡色變

巡撫胡文忠公飭建碉堡座以堵豫匪

蔡氏　吳氏　蕭氏　閔氏　各祠

東岳廟　汪王廟

石家岡牌坊

箭廠河橋　觀音橋　响水堰橋

箭廠河小集　李家河吳氏祠學堂

盧劉會東北七十里東墖兒西龍潭南長山北光山

耿尚書贈太子少保恭簡公墓在牌樓河

陳氏 曹氏 李氏 戴氏 各祠 天佛寺 迴龍寺

牌坊河有坊今圮

牌坊河橋

陳爲德店 小集

學堂在迴龍寺

龍潭會邑北五十里東盧劉西雙城南雙城北上庄

古跡無

阮氏 王氏 鄭氏 李氏 周氏 梁氏 各祠

雲義寺 婆老寺 觀音岩

坊表無

王大橋　草鞋店　碾石坡　新橋店三小集

雲莪寺　鄭姚高　二學堂

西林會邑西二十里東東烟西尹興南高橋北石灰

古跡無

吳氏　趙氏　劉氏　宋氏　姚氏　詹氏　武氏　汪氏　各祠

西林寺　羅家堂　程家堂

武李氏節孝坊

周博司橋

市鎮無　學堂無

右共五十會大有明月長山割茅墖兒沙坪道安長水係龍徙義龍潭松溪陡墩柏

林河漢雙城盧劉東烟葉油上庄傅左三角共二十二會俱泰仙里析自麻城
高橋東岳清涼土墩王德卓望東行中和司西行方廟水岩蔡祠紫潭金山三師育
兒張店共十七會俱中和里析自黃岡
呂旺黃陂站華河老山石灰西砦羊角棗林西林尹興大成共十一會俱灄源里析
自黃陂

山

黃氏曰舒蘄黃三州之北有大山綿亙八百里俗呼西山邾城在山之東南黃安縣北之高山決爲西山西北八十里老山爲邑太祖在老山會會以山名也與河南羅山縣連界高出衆山官倉河之水出焉水入灄河迤東爲乳山距治六十里橋流河之水出焉亦入灄河與官倉合流而下曰西河又東爲仙居山俗名仙居頂水道提綱曰仙居亭山亭立如錐形家謂之廉貞在呂旺會距治六十里康熙十三年羅山奸民譚以從等嘯聚此山詳兵

事篇山下爲黃陂站巡檢外委駐此巡檢則雙城所移駐淮鹽緝私營則黃陂兩河口所分屯碉堡二座則巡撫胡文忠公所飭修砦堡又士民之共築也數里外即河南光山地捻匪入境多取道焉又東南爲天台山（山形似台巧若天造故名）在龍潭會距治八十里山陰爲光宋台山寨在焉元世祖於開慶元年八月遣廉希憲招降董文炳等已破之并見鄭鼎傳山上有龍湫禱輒應勝概具耿恭簡記山頂有寺可休息又東三里爲黃楊砦亦龍潭會距治七十里宋元時築砦避亂近避捻匪重修保全良多砦東南至牛頭山又南至槐樹坳北界光山又南至龍潭會之香爐山山之北上二十餘里爲光山屬之白沙關蕭梁置沙州治此（他書多以此關載麻城誤）將軍吳子楊爲魏元英所敗地入魏仍沙州後周廢州關仍舊宋亦戍守重地距光山治百四十里淮南五關之一宋時達汴之孔道也關下有郭家河亦光地再下有界碑始入安境白沙郭河光地敍入安者界河發源於此統志紫潭河之上流洵豫楚之要隘也

白沙東北至雙山疊在長水會治北七十里統志云兩岸萬仞一竇九折怪石欲墮驚濤如雷武夫健兒過其下亦逡巡色變巡撫胡文忠公飭建碉堡一座箭廠河之水出焉迤東爲苦竹坳在長水會咸豐八年四月皖賊十數萬屯麻城分股萬餘從此竄入李中丞擊敗仍從此去詳兵事篇又東北爲羚羊砦麻安三縣之界北光山東麻城西南黃安

附考府志羚羊山麻城縣西北百里以產羚羊得名西南有分水嶺倒水分流之處南流爲艾陽寺河北流光山縣界麻城志略同即此山也

仙居山在呂旺會南下十餘里左爲呂旺城呂旺舊作女王按岡麻陂三邑均有女王城意十八蠻時或女酋踞此俗呼女王後改呂旺也右爲大城砦東過走馬岡即黃陂站踰站復起三角與東方三角山不同南下爲潑油嶺三角山迤東南爲老君山東至天台東北爲白沙關灄河二源一出黃陂站一出金局關邑志源出邑西老君山下是也按老君山峯高而圓形家以爲金星上

有砦有寺有田有水水三伏三現名响水潭

附考鄖國利病書邑北五十里爲呂王城西六里金局關紀要呂王城西五里金局關邑志邑西北四十里亦曰金山關府志同

白沙關之下有黃石巖與香爐山對峙界河中貫香爐在南至王錫九西折而至七里坪之霧基山祇古風嶺至三河口止三河口詳水部

天台之北至光山之觀音岩又東至光山之走馬岡又東至雙山鼓南至太平砦又南至白葉山葉一作鴨又南至塔兒會之光显山又南至拾杖山一作石丈水注於袁英河

西至紫雲砦松溪河出焉邑東三十里交麻城界明趙應瓚築於此近重修矣

老君山迤小君山平心砦東折而爲治西北四十里之陽台山此山及佛墖浮雲三溪之水東合金場河之水注縣河者也詳水部陽台至小條山止

西折則爲佛墖山昔有佛墖今廢迤西南爲龍王山又南爲大成會之風吹山又南

為西砦會之張壁山又南為大程山小程山抵黄陂界

附考宋程遹宰黄陂多惠政卒於任子珦寓陂生子二曰顥曰頤未幾錄用功臣後注珦為陂尉遷官移家去陂人立雙鳳亭祠明道伊川灄源里析自陂二夫子或至此因以名山

張壁山東南為西砦會治西四十里之馬吼山又南為果老石又南為磨盤山上有大砦皆西砦會交黄陂結木蘭山至王家河止磨盤之北東折至西砦會之大石岡距治四十里迤砦基山在高橋會治西南七十里此山外險內平昔曾築砦故名今重修之南折至孟嘗山相傳孟嘗曾宿此也在王德會西為紅毛砦治南六十里界黄陂又南為詹家岡砦又南為三師會鷹嘴砦又南為西行會洪界山砦治南八十里此山及馬鞍山冬青河之所出也以上分水西為灄源鄉東為中和鄉洪界山以下入黄岡界至陽邏司止宋開慶元年八月元世祖入大勝關次陽邏堡即此

紅茅東南傳家岩又東獅子山迤東三師會西荻岩又東金山會大金山小金山以形名會卽以山名治南五十里至八里灣抵紫潭河

龍王山東折至獨山砦迤七個山在東煙會治西十二里山有煤鑛可焚而無焰也

山分二枝一枝東至東烟會劉通砦一枝迤東至大有會似馬山治西南八里明邑人吳心學結廬講學於此督學胡公直題曰洞龍書院者也又迤南爲雲台山至沙平會沙河止在治西南二十里陡埠河下五里

東南王毛砦與高橋會洪冒山一作紅毛迤磨峯寺又迤石壁山南至陳河砦又南爲王德會羊子山又東南爲土墩會土橋砦至大塘灣止

黃楊砦之西爲仰天窩此治北之仰天窩也上有天心砦治南五雲山下亦有之詳後又東南爲撻脚山又南爲楊家砦至雙城會治北四十里之七里坪止坪在河濱南通江漢北達光羅糧食囤積陸運外銷安之市集此爲差勝同治三年捻匪由北

鄉七里坪至西南鄉城中戒嚴蔡游擊正濤之兵同鄉勇固守月餘者也堡名新安苦竹坳西南至大小坳口又南至游仙山在長山會治東北三十里又西南至長山會雞子山蜿蜒三十餘里至縣治止

遊仙山之北至三角山在三角會名會以山也治東三十里利病書云三角山鄰近遊仙山柴家山明嘉靖四十二年流寇嘯聚府同知袁福徵調兵協勦焚其巢穴即此邑志北峯下石洞深邃將風則轟轟有聲土名風洞其上產水晶凡山有雞肝石則下有晶石其苗也水晶倒生本上而末下有黑泥養之安山多晶不止三角斗埠河之水出峨山冲土門冲三角五雲諸山丙午年六月十三夜三角起蛟三十山下有大樹數人連抱蔭數畝蛟水冲去數十里無一枝葉有大石橋亦片石不見今六月初三又起蛟冲永佳河鄢家河黃龐坳水口寺突三角迤南爲土墩會之長竹山距治二十四里又南至鄂家砦又南起歸元山上有寺右砦在斗墩會長竹山迤東

南袤延十餘里起大塘山前起大蕅砦至尹家河河發源五雲山之陽也

遊仙山之西至沙平會五雲山治南二十里上有石墖利病書云從龍霄舉上通一

徑中有稻田邑人耿恭簡築講堂於山中仰天窩游僧惡少無容足矣考邑志有天

窩書院即天窩山房恭簡仲子子庸講學處弟定力焦狀元竑周太守思久皆從遊

李贄著焚書藏書續藏書半脫稿於此一統志云五名山其陰列山如屏其陽凹嵌

如屋迤而西有峰如蓋羣山合沓狀如窩然俗名仰天窩林泉木石最爲幽勝中有

腴田十數畝窩內隆冬不寒盛夏不暑明嘉靖中知府周思敬改曰五雲其陰水注

斗埠河也迤東爲大峰山治南五十里山上有砦爲東南屛障可容萬人東爲香山

與麻城界迤南爲傅左會蓮花砦又南至卓旺山止於河（旺一作望）距治六十里頂高一

望百里在目山上有砦下有寺離山數里瀕河有會桂洲產半夏甚佳售可逾千金

也自香山西迤入境爲仙人山爲祈雨山皆方廟會迤七丈山一作錫杖又東爲黃

岡嶺南至萬人山一作萬明抵倒水

苦竹坳之東南至廟峯山（一云在坳之北）又東爲張家山與麻界一統志云山嘗產金萬歷二十六年開採民皆奔竄尋罷也又南爲雙峰尖又南爲土門山（山一作坳）陡埠河之水出於冲又南爲大城山（大一作古）又南至向打石（石一作店）入麻界至宋埠止

黃安萬山叢雜屢經參校北方則舉人方家矩職員曹公朗東方則附貢蔡步瀛南方則廩貢彭鶴年廩生劉筠職員袁崇訓西則廩生韓覲侯附生吳星階而吳生襄助之力爲多附識於此

附廩生秦策强北方山圖○西北砦基山（此山自孝感東南而來爲安邑祖山）迤東南十數里分枝南下數里爲老山（府邑以老山爲安邑祖山）南下十數里至蜂子寺而止○砦基山十數里迤東爲仙霞山又數里走馬岡迤東南爲仙居山迤東北界黃陂站在焉○由站司再起迤東數里曰三角山（此非邑東之三角山）迤東南下行十數里爲老君山自此南行至洪界山而

入于黃陂界矣○三角山迤東南十數里折而東北二十餘里爲光山屬之白沙關又迤東十數里爲雙山門又迤東十數里東北爲麻界（此處當是羚羊山圖未標名）折而南下爲至鴨山（當即酉葉）又東南數里廟峯山又十里苦竹坳又東轉南下紫雲砦○老君山之上十數里東出一枝約十里起天台山南下黃楊砦又南下爲二十里至香爐山而止○按仙居山土人名仙居頂 水道提綱作仙居亭

水

黃安山邑也兩山之間必有水綜覽全境水僅三支中曰界河左曰松溪右曰灄河其他小河則灌注此三河而此三河則松溪與界河同由黃岡之鵝公頸入江灄河則由黃陂之灄口入江者也

界河

界河發源河南光山縣境之白沙關十數里至安界內距邑七十里邑無大河因山

其名曰界限南北也統志曰紫潭從其下流名之也府志曰倒河謨以水出麻城黃武山南合舉水入江之倒水名之也附考一統志倒水在麻城縣西今名浮橋河源出羚羊山分水嶺右流爲張店河林店河長潭南沿艾陽寺名艾陽寺河東折逕西陽鎮會東山支流抵沙灣下爲浮橋河又南至金家河夾沙洲河爲兩河口與縣河合紀要黃岡縣高岸河云界河在府北出河南光山縣之白沙關南流至雙城鎮東流河直下官渡至感化河通樟松涇北圍風口達於江　按紀要敘界河簡明之至團風口即水經注舉口今名鵝公頸界河

發源河南光山縣之白沙關十數里入安境東逕黃石岩周八家南流而至七里坪邑北四十里西受天台山腰磨冲方陂冲上莊畈諸溪之水南曰貢吳家河吳一作熊又南至雙城合雙山門河

雙山門發源曰雙山門河距邑七十里南下十里爲箭竈河十里爲程方河距邑五十五里湖田河之水注之又南十里牌樓河又十里合袁英河距邑四十里袁英河邑北四十里東合廟峯山石丈山打磨山西合幕雲山黃石岩諸溪之水曰袁英河至雙城南入古風嶺袁英河合貢吳家河稍下土門西溪之水逕長興店入之二十里爲三河口白馬河

及東流河之水注焉又西南逕縣治北姚家河及早角河之水入焉曰北門河（距邑二里）折而西爲西門河（距邑餘里）逕縣治南曰南門河（距邑一里）金場河之水注之逕縣治東爲胡家河（距邑三里）金場河邑西四十里由三河口南下三十里曰東流河西合陽台佛塔浮雲三溪之水十里至龍灣合陸埠河（距邑八里）陸埠河源出峨山冲東合土門冲王龔山三角山五雲山之水西南流逕縣南入於河（即界河）陸埠河下五里曰沙河（距邑二十里）西受童家港楊德橋水（德一作大）東受蓮花港銀錠橋五里橋之水又南流西受羊兒港（一作楊二）徐家港之水曰中和官渡（上爲中和巡司署）又南西受曾家港水曰八里灣河（距邑七十里右爲八里灣市）又南東受藤藤花港臨湖港水西受源出馬鞍山洪界山過行祠橋太平橋之水曰冬青河交紫潭入於河（統志名紫潭河以此）又東南至黃岡縣境爲感化河由孫贊埠（孫一作縣）匯張渡湖達鵝公頸入於江（張一作大）

湖一作樟松湖湖可運筏臯秋水漲可行百斛舟河末入湖只行竹簰冬涸簰亦難行鵝公頸即水經注舉口

右爲中支之水源在光山委在黃岡

黃安左支之水曰松溪河在縣東南源出縣東北境紫雲山鹿皮冲十五里逕板門冲又十五里逕葉紙冲南與葉紙河合流又五里逕謝家店又南至孟家坊與板門冲河流曰松溪河距邑四十五里發源五雲山爲尹家河之水入之距邑五十里水口寺河在張煜前後一東河南二溪合流之水亦入之南注松溪由岐亭出鵝公頸注於江

右爲邑左之水源在黃安委在麻城

黃安右支之水曰灄河縣西北老君山下其源二一爲金局關一爲黃陂站統志源出縣北仙居山南十里合流南下曰雙河又西二十里爲橋流河在縣西六十里源出乳山又十里官倉河之水入之河在縣西五十里源出老山合流而下曰西河下與雙河合流曰兩河

口烏峯河火石河之水注之又二十里入黃陂界逕黃陂縣出灄口注於江紀要溢河黃陂縣西南四十里曰灄口灄水入江處明史地理志入於漢誤

右爲邑右之水源在黃安委在黃陂此二水下流均可行舟然不甚深

附考水經江水篇江水左得湖口水通太白湖又東合灄口水上承沔水紀要曰鄖水本溳水分流注溳爲沔誤於安陸縣東逕灄陽縣北東流注于江附水道提綱江下篇大江既會漢水東北流中有沙洲又東北經武昌北境南岸有南湖水口一名五丈湖在江夏東北岸即黃陂縣之午湖水口也午湖在黃陂西南袤耶八十餘里廣五十里東南流入江即古灄水自灄陽來入曰灄江又東大江始折東南流北岸有五湖水自黃陂來注之曰武口亦曰沙湖口武湖水源出黃安西北境與河南界之老山二水俱南流經仙居亭山左右約百餘里會于河口之南即新集之西南也又南八十里經木蘭山麓又東南流有午湖支津自西南來會瀦爲湖周五十里又東南入江○按上文即黃安灄河原委又東南至黃岡北境陽邏驛南北岸有水北自黃安縣合二水來注之華家河出黃安縣北與河南界之幕雲山在周八家村之西又西即仙居亭山也南流九十里折東南流有華家河自北來會經縣城西又南百餘里經三姑井西又曲

曲東南流折而西南百數十里至騮南入大江又東南經汪家鋪南白虎山北北岸有湖水口湖在陽邏騮水之東匯風鎮水之西形三角數十里西南流入江○按上文郎黃安界河原委又東稍北流至黃岡之團風騮西有水自北合麻城諸水來注之江口有洲白塔河出麻城北界之黃土關大山南流曲曲百餘里至縣城東有洪家江東北自虎頭關東山西南流來會又西南流南有道觀河南自馬鞍山西北流折而東北經沙河鎮東合八疊山之水又西南流經白杲鎮來會又西北流○按上文郎水經注舉水○又云有涔橋水之北自黃安東北界之分水嶺南流經黃安東境麻城西境數十里至涔櫺西中館之騮東又南來會又西南至宋埠鎮南岐亭東折而東南曲曲百六十餘里至團風騮之西入江○按上文郎水經注之倒水與舉水合流出團風口入江

道路

黃安北達河南光羅東鄰麻西鄰陂東南達黃郡西南達武漢南北朝及宋元時雖未建縣實爲要衝咸同間粵寇捻匪往來如織未可以僻處山谷商旅罕通漠視之也爰詳述如左

由治所至武漢出東門 三里 三里店 二里 五里墩 三里 陡埠河 水小木梁大則舟渡涸可以涉 四里 十里鋪 二里 明教堂 有石橋 三里 周家坳 兩旁山崖此其過峽亦要隘也 十里 桃花鎮 宋元孔道元也先不花鎮此舊有煙墩每舍相望故址尚存自此南往武漢東左至宋埠東右岐亭 南至武漢者 十里 粟林鋪 十里 柿林鋪 同治六年劉銘敗賊紫屏鋪即此 十二里 中和司 巡檢署前界河之水流入紫潭淺則木梁深則舟渡涸亦可涉 八里 八里灣 十里 馬頭鋪 十里 太平鋪 十里 高林鋪距黃陂界劉家鋪十里距黃岡界三山鋪十里自此前至武漢又分三路稍東達陽邏司 元世祖於開慶元年八月入大勝關次陽邏堡即此舟行西上武漢東下黃州 稍西達倉子埠 夏秋水盛舟至武漢 冬春水涸十路至水口 可水可陸陸行由盛家磯直抵晏口

出南門有小路至八里灣四里過南門河或梁或舟或涉因水淺深三里胡家河仍過河五里向山四里棚子岡楊家港過小河入七里沖出沖鍾家坳五里新橋四里梅家灣八里灣

由桃花東行左至宋埠八里龍頭橋七里永家河水淺可涉五里水口寺寺西石橋東行仍過河五里大屋店郎交麻城界又二十里宋埠上至麻城下至黃州可舟可陸此路平坦但須過河十數次

至龍頭橋不過永佳河可由左家坳至傅橋少過河七次路迂里許溪水暴漲必行此路

右至岐亭者十二里土墩頭普濟寺五里上董店五里下董店八里馬埠頭交麻城界十五里岐亭上至宋埠十五里下至黃州一百五十里安治至岐亭只過陡埠河一次悉係山路至府城較宋埠近十五里咸豐四年賊由河口至岐亭故附後

附黃陂兩河口至岐亭十五里田店十五里高橋河十二里楊大橋過河八里楊二港過河八里大塘灣七里板倉店馬埠頭十五里岐亭板倉店距柿林鋪三里

出東門至麻城界之謝店三里三里店四里郭受九三里王祥畈四里周劉河四里蔡家河

十二里八角廟十里謝店松溪河巡此同治二年捻匪在謝店窺黃安卽此故附注往料棚之路於左

出東門七里楊二河百籮坵河廿油榨河葉方河料棚麻地此小路往麻治者

出北門東北往雙山壆者三里北三里店二里黃石橋十里麻骨石坡二里龍潭寺店

打鼓嶺十里高家畈十三里袁英河一云打鼓嶺十里大龍店有石姓石牌坊十里袁英河又十里牌樓河交盧劉河

三里程爲德店三里檀樹岡一作桃花塝十六里箭廠河五里雙山壆此最險要詳山部交光山界

達新集由程爲德店汪家墩响水堰至苦竹坳達麻城咸豐八年四月賊駐麻邑分股萬餘

從此竄入由程爲德店劉家岩陳家凹劉家園麻城岡光山介至柴山堡白沙關

出北門往白沙關梁沙州治此他書載麻城黃陂誤今徧訪考確係光山境安界外十數里界河所出自打鼓嶺分路十里古

風嶺十里七里坪潘家河達光山之郭家河白沙關梁吳子楊與魏元英戰白沙卽此出北門往

黃陂站巡檢外委緝私分哨岩砦堡二座五里五里橋五里望城岡五里涼水井八里賀家岡七里石嘴舖

三里趙家橋嘴五里新橋七里華家店三里華家河西北行十二里呂旺城十三里熊家畈五里黃陂

道路

站又五里交羅山界 界岡二十五里 達仙花集

另有一路由華家河東北行六里 金家台六里 熊家河又西北行七里 扑油嶺八里 劉家河三里

黃陂站

附宋元驛路黃陂站三十里 雙城三十里 灄津三十里 桃花由熊家河西北行七里 馮家

十里 土脊嶺交光山界二十餘里 仙花集嘉慶二年敎匪焚仙花自土脊嶺入焚熊家河卽此按此賊撲邑城後竄羊角會橫坡埡而去此路未詳○

互詳兵事 出西門往黃陂縣一里 西門河水小木梁水大舟渡八里 桂花樓五里 七角山十二里 高橋河八里

桐柏廟五里 分水嶺交黃陂界又七里 柿子樹店十里 木蘭山過河 長軒嶺十里 柏木港五十里 黃

陂縣

另有出南門至高橋河一路一里 南門河過河同西門七里 半邊店八里 黃土店七里 高橋

河亦共二十五里

黃安治往祁家灣自城至長軒嶺 柏木港又五十里 祁家灣附火車南達夏口北往京都

黄安城汛西南與黄陂會汛於甘棠舖南門外（過河八里）似馬山（四里）崔家店（十八里）詹店閻王廟　甘棠舖　東北與光山　會巡楊家山在七里坪北八里交光山界咸豐間廢西北與羅山　會巡大勝關（在仙花北十里向係羅山汛會巡咸豐間添駐守備光緒初年裁）

附考　嘉慶湖北通志駐防黄安黄州營外委把總汛兵十七名分防陡塘二處雙山五名黄站五名舖遞十一處設舖兵十三名東五十里達麻城岐亭南十里至十里舖（一名）十里周家岔（一名）十里桃花（一名）十里粟林舖（一名）十里中和司（一名）十里八里灣（一名）十里馬頭舖（一名）十里太平橋（一名）十里高林舖（一名）十里黄岡之三山舖西四十里黄陂之劉家舖北四十里雙城

物產 先述天然產

動物天然產雞家而畜之足供本邑之食鴨惟八九十冬月售者尚多鵝不恆見雉間弋獲鴿亦偶豢羽族之資於養生只此鴉鵲鶉鳩鶯燕鷹鸛無裨生計略之

毛蟲之類牛則資耕購自河南十之一豕十之九安無畜母彘者豚亦來自河南羊全購兎十之七猫犬土產狐狸豺狼貉獐麅獺黃鼠狼亦有之　狐即野狗狸即野猫貉即狗貛狐貉可爲裘兎及黃鼠狼可作筆

鱗之類池畜溪取所出甚微塘多鰱鯽溪澗則鯉鱖鯿鱥亦間有之黃鮎頗多鰍鱣及蝦非鱗以其水族附於此則鱣足於食冬春寒冷魚皆販自張大湖云

介虫鼈頗不乏螺蚌龜蜆少食之者

倮物蜜蜂間有畜者蠶亦偶有養者山桑葉小而薄繭絲不佳練爲綫織爲帶亦資於用近有購魯山蠶子飼於山上橡樹者色黃但旱則無露雨多亦殭西風亦死畏

鳥食以鉦驚之將來廣飼亦物產之良也

稻之收有遲早色有紅白種有黏糯大率早二而遲八紅二而白八糯二而黏八歲一穫少再熟近麻城之張店有旱稻味美而收薄種之者少大麥曰牟小麥曰來牟三來七蕎有大蕎苦蕎粟有黏粟糯粟脂麻以榨油以爲糕點不足仍購自河南高粱蘆粟皆無多穀麥外銷詳商務

菽不一類曰黃豆以作豆腐豆豉豆油豆腐需外購詳商務菉豆亦少黑豆更少蠶豆同豌豆較多可作粉條亦有外銷粉條間有來自河南者扁豆刀豆略以佐食豇豆最蕃鹽水浸之足食數月

枲之屬向植木棉雖紳富亦勤紡織故種之者多近已衰滅綫麻略有野生蓺者絕少檾麻俗作捆麻僅供自用葛苧亦鮮采者（木棉由元世祖征印度帶歸名吉貝近有植洋種者俗呼長絨花子黑而果小惟絲較纖長略有光耳）

蔬惟白菜極廣曝而鹽漬甕蓄之以佐饔飧入約百觔爲率萊菔次之胡萊菔又次之芥曰辣菜春夏間采取水浸三日去辛味不甚尙也油菜夏刈以取油無多產萵苣棄葉取莖曰萵筍亦可口菠菜略有莧具紅白二種馬齒莧亦滋生芹不多嗜葱韭蒜頗廣茄椒亦不乏荆介藥物也而掇其芽以爲食品薺曰地菜間有擷者百合山藥亦頗種之無薙茼蒿芫荽蔓菁山採者產自北鄉曰珍珠菜曰珍珠花味頗鮮美初夏採而暴之以貨於市銅器烹之色綠鐵釜色烏瓦器色黑宜臘肉同烹似珍珠菜而稍遜曰百花菜足亂其眞

瓜有西瓜南瓜冬瓜絲瓜黃瓜苦瓜菜瓜各種瓠與胡盧附焉西瓜大不滿觔南瓜有重四五觔者冬瓜之至大不過三四觔絲瓜長僅盈尺黃瓜苦瓜菜瓜皆常品瓠亦然胡盧雖非特別之產北鄉土人摘而以穀殼火煨熟大石壓扁暴乾烟燻曰煨胡盧亦貨其物於八九月間將食取胡盧浸米泔中三日去粗皮切薄片烹飪同珍珠菜味近玉蘭片又有採作粉者

果有栗榛柿杏李桃梨棗櫻桃核桃葡萄石榴山查橘菱荸薺白果無花果

外有非穀非蔬非果而有益民食者曰芋曰諸芋不甚種諸則冬月窖藏其種二三月畦種之五月截蔓寸餘雨中揷之九十月刈其蔓而掘其實紅白二種味甘性平生熟皆可食可釀酒可取粉可為飴貧人半歲之食多者百數十石莖葉且可餧豕安已徧植矣洋種白而大生食多漿熟則遜華種水氣勝易爛也

木惟松最多斧之為薪曝乾而肩荷售城市皆自北鄉來七里坪禁篺運山鄉苦賤城市苦昂良有司勸令弛禁亦善政也柏槐椿櫻栗檀楊柳桑柘梧桐泡桐樟桂梨棗棠梨楓杉梓構黃荊黃楊苦楝烏桕冬青蠟樹皂角橡樹結實似蓮殼曰橡碗葉飼山蠶購種河南魯山亦俱有之

竹有三月竹五月竹紫竹苦竹水竹簝竹竹小葉大　慈孝竹俗名叢竹　獨乏南竹

花有牡丹　芍藥　辛夷　玉蘭　玉簪　蜀葵俗名一丈紅　黃葵萱即金針菜　蓮菊品葉甚繁

名甚多刺梅　十姊妹　蕙　槿有紫有白　薔薇　臘梅有紫心素心　棣棠　酴醾　海棠貼梗

垂絲梅有紅有白　千葉榴華而不實色甚鮮濃　杏　絳桃　緋桃　碧桃　白桃　綠萼梅　山茶

夜合　金盞　金錢　雞冠有紅有白有鴛鴦　迎春柳　木香　杜鵑俗名映山紅　紫薇　紫

荆　瑞香　天竹有粘糯二種　玫瑰　芙蓉　薝蔔即梔子有雙瓣單瓣單者結實入藥染色　山蘭一幹有十數花者似即蕙也北鄉甚多　月季有深紅淺紅　丁香　百合有家植野生　款冬　虞美人　鳳仙俗名指甲花有單瓣雙瓣紫白紅八寶各色

外有五穀樹生西門外里餘王家畈龍潭寺亦盆植一本其樹如結稻穗多則稻熟結豆秸多則豆熟結棉果多則棉花熟也牡丹芍藥辛夷蓮子蓮鬚皆入藥但牡丹芍藥辛夷皆購供玩物蓮亦不多白木槿紅白雞冠芙蓉梔子百合忍冬則可供擷取矣

草有艾苔萍蓼荇薜蘿芭蕉菖蒲藜藋虎耳鳳尾馬鞭狗尾鼠尾

藥有半夏　桔梗　苦參　芫花　金銀花　益母草　旱蓮草　穀精草　龍膽

草　夏枯草　木賊草　紅花茜草　金紅花　土牛膝　土枸杞　土防風　蒼耳子　槐角　香附　覆盆子　車前　伍棓子　牛蒡子　兔絲子　草麻　金櫻　地骨皮　桑白皮　地榆　白蘚皮　天花粉　五加皮　土茯苓　紫地丁　天門冬　括蔞仁　白芨青竹香　石菖蒲　麥門冬　沙參　百部　菖藍　大藍（又名水藍）　丹參　紫蘇　蒼朮　小藍（又名蓼藍）　馬勃　薄荷　荊芥　伏苓　扁蓄　牽牛　山查　百合　苜蓿　包皮根　黃精　瞿麥　石韋　射干　葛花　葛根　商陸　大黃　貫衆　草烏　白芷草　黃蓮　破銅錢　南星　赤芍　軟硬　柴胡　茵陳　細辛　香薷　山當歸　山木通　白斂山藥　大薊　小薊

淫羊藿王不留行金毛狗脊旋覆花蒲公英劉寄奴楓乳山厚樸薏苡仁蒲黃松香

山杜仲蓮蓝山黃蘗羊躑躅山茨菰草決明天丁（即皂角刺）　青箱子桃仁杏仁柏子仁

白頭翁大戟冬葵子地膚子排風藤山天麻半邊蓮獨活芎藭青藤赤蓼蒔蘿吳茱

莧何首烏皆植物也龜板鼈甲猬皮穿山甲夜明砂則動物也金精石自然銅又兼鑛物矣

鑛物有經前任江令買作官山者三處曰明家山曰睡虎山曰黃金砦見一統志者曰張家山見邑志者曰金錫河金井山煤鑛則東煙會七角山近中和司炭山界人方家渠屋後山石棉鑛則西砦會獅子山高橋會白馬畈李姓後山錦鑛則羊角會羊角山水晶鑛甚多三角山雙山門皆有之山面有雞肝石則水晶之苗也

明家山在上庄會邑北六十里有銅鑛　睡虎山在雙城會邑北四十里亦銅鑛右二山土人告之鑛商英商海生聞之浼領事要求開採　前督憲張委候補府周以翰同至淮採二百石只採五十餘石銅奉　憲檄價買入官英商亦不復至　黃金砦在道安會邑東二十里乃紫銅鑛邑李姓曾稟前朱令試採費絀中止亦江令價買入官　張家山邑之東北接麻城界一統志云山嘗產金萬歷二十六年開採民

皆奔竄尋罷　金錫河邑西四十里流至十里之龍灣合陡埠河舊產金沙元將軍李牧林鎮此徵收金稅子孫襲金廠巡檢其後金沙消乏明萬歷間採礦命下奸胥妄指以累民御史周家棟奏罷之　金井山南門外里許明神宗末採金於此無所得即今法水寺後吳兆灃有記載邑志　七角山邑西二十里在東烟會有煤鑛土人屢採賒令亦勸採可焚而無焰遂止近中和司數里大路之旁曰炭山向未開採石棉一名石絨一名不灰木火浣布以此爲之在西砦會獅子山王心山售於方姓與陳姓祖山毗連陳山尤多形如馬尾潔白如雪高橋會白馬畈李宅後山亦有之此鑛甚多有黃色藍色者　羊角山有錦鑛在羊角會邑西北九十里舉人方家槊後山亦有煤鑛　王心山言諸山之外有鑛山二十餘處

製造物産

動物無製造惟能取羊兎黃鼠狼各毛製筆

植物製造一、織布擇好花織成寬尺四寸强長四丈强密厚者曰穿布曰家機只自衣少出售。餘花織成寬尺二寸强長四丈弱粗疏者爲賣布近多以洋紗爲經棉紗爲緯五十匹爲一捆從前歲出萬餘捆售銀十數萬近已銳減二、木子榨油樹植地旁摘而售於榨坊榨油而出之曰皮油銷行漢口歲售銀不及十萬三、落花生日種日多可榨油可作豆腐將來與棉花有代興之勢四、竹以造紙近始萌芽推廣改良亦有厚望。礦物製造惟能取水晶作鏡、亦有錫冶、銅冶、鐵冶而礦藏於地、故不過以工作求食而已、

罪犯習藝附

丁未歲前令滕創辦造草帽草履白墨現經新任陳添修廠屋織毛巾花布洋布織

帶益務推廣云

商務

五大洲棣通列強日務商戰英以公司墟印度其衆著也安山邑經商之略已見實業篇物產篇茲就輸出輸入約陳于左

貨殖傳曰農而生之虞而出之工而成之商而通之今述商務先言農業安邑農產樂歲則稻麥豌豆棉花為布木子榨油而已稻居多數約十餘萬石小麥次之大麥豌豆又次之肄運李家集舟浮湖而出江地植棉花有洋種本地種家勤紡織每捆五十匹前此歲出萬餘捆售銀十餘萬兩南銷漢皋北銷豫境邇來落花生日盛（亦有洋種本地種之分洋種顆大香遜根帶固易掘人喜種之本地種反是）棉花日少布出減半近多購洋紗為經棉紗為緯粗疏而輕亟須改良落花生日盛一日取以榨油不逮麻油然脂厭歉收亦足供食將來之輸出當旺也虞而出之者礦產雖富採取無多如銅礦以土法試辦資本不足寶藏未洩石絨即石棉即不灰木有取以售外商者煤雖屢採產固不佳掘亦甚

淺水晶取爲眼鏡產亦不少取者無多南方卓望會有會桂洲產半夏甚佳歲值千金七里坪上近有取竹造紙者數家色黃質厚供本境之用所缺極多無輸出者工之所成更寥寥也

輸入之品指不勝屈舉其大宗言之動物則牛十二三羊十九豕十八九安少毋彘豚亦外入雞兎半之皆來自河南魚雖塘畜溪取春冬則販自張大湖植物則菸葉由黃岡麻城而來岡三麻七杉木來自湖南草帽採自光州黃豆略產車運自羅山之仙花集光山之新集歲萬石以上果則桃李梨林檎胡桃蔬則薯蕷百合亦自河南而至安植尚少豆餅壅田亦資外運茶嗜六安州之產城內及北鄉最甚殷富有歲耗百金以上者中人之家亦歲費數十緡單丁貧戶亦人需數貫以內山頭茶爲上品立夏前素封皆措資往採肩挑牟利相望也鑛物則石膏也鹽也石膏來自應城值廉而用廣近更用以壅田向食北鹽自設淮鹽分銷局於城內及八里灣駐緝

緝私營於黃陂兩河口而黃陂站七里坪並家河各有分哨歲可銷淮鹽三四千引云其他百貨不及詳叙

府志西陽考正誤以下附錄

西陽考曰漢初置縣隸江夏郡後分江夏立西陽郡一治即西陽縣見水經地理通釋又曰黃州魏爲重鎮太和時豫州刺史滿寵備西陽是也故城在黃岡縣東南一百三十里原注此據舊治在今新州而言前志謂在西陽河又曰宋志魏立弋陽郡屬豫州晉惠帝時又分郡爲西陽國旋復爲郡爲豫州治宋孝建初屬郢州太始間又屬豫州尋還郢州原注寰宇記謂故西陽在今光州光山縣西二十里晉永嘉後移置邾城上流五里按水經江水東逕西陽右云江之右岸有鄂縣故城當在今治東南三十里光山之西陽見之水經淮水注云黃水東逕晉西陽城又東北逕西陽郡此地名相同非一處也　右錄全文

水經淮水注黃水東逕晉西陽城又東北逕弋陽郡

攷晉書地理弋陽郡屬豫州治西陽宋書州郡志西陽本縣名一漢屬江夏魏立弋

陽郡又屬焉晉惠分弋陽爲西陽國旋復爲郡屬豫州宋孝武孝建元年屬郢州明帝太始五年又屬豫後又還郢縣縣西陽紀要光山縣西陽城引寰宇記在物西二十里劉氏曰縣西有西陽故城後代僑置縣非漢故物也然則弋陽郡（今光州）既屬豫州分弋陽爲國復爲西陽郡又在晉惠帝時攷曰晉西陽水經淮水注言黃水東逕晉西陽明其非漢西陽也又言東北逕弋陽郡明其非西陽郡也

水經江水注江水東逕西陽郡南郡治郎西陽縣

攷晉書庾翼領西陽太守地理通釋分江夏立西陽郡治西陽元和志西陽故城黃岡縣東一百三十里之遙（隋唐時黃岡治在今新州前志西陽縣在今蘄水巴河上西陽河孫家嘴）

一統志西陽故城黃岡縣東漢置縣晉置郡隋廢然則水經江水注言江水東逕西陽郡南善長之時郡仍西陽縣亦西陽明其非晉西陽非漢時建縣於圻水巴河上流孫家嘴之西陽而永嘉後移郝城上流之西陽也梁時又有北西陽縣

攷黄州府志麻城縣劉宋置建甯左郡大明八年省爲縣蕭齊復設建甯左郡治建甯縣梁析置信安縣又置北西陽縣陳廢北西陽紀要北西陽故城麻城西北梁置陳省麻城志同蓋永嘉移駐之西陽在南故别之曰北别乎漢晋之西陽明其爲梁析置之西陽也

由是言之黄水東逕之西陽故城在光山縣西二十里晋代僑置之西陽也江水東逕之西陽郡治即西陽縣治在邾城上流五里永嘉後移駐之西陽也攷城在麻城西北既非光山之西陽更非邾城上之西陽實爲梁代析置之西陽也

府志巴河又南逕桃花潭爲西陽河前志故城在此又府志古蹟府治東南三十里有孫家嘴枕山面河形勢足據巴水經其下舊名西陽河殆西陽故址歟然則梁其以河名縣乎否則河因縣名乎西陽之可考爲此

府志西陵辨正誤

辨之言曰西陵在江南不在江北嘗推究之則在江南之証三而其餘皆在江北考兩漢江夏郡皆治西陵晋始治安陸自後西陵屬弋陽郡晉書地理志弋陽郡治西陽寰宇記光山縣西二十里南渡後改弋陽爲西陽郡劉宋因之西陵亦隷焉蕭齊始以西陵爲西陽郡治隋廢西陽改齊安郡治爲黄州廢西陵入武昌按廢西陵入武昌見隋書地理志固在江南之一証又曰江水東歷孟家溠江之右岸有黄石山水逕其北注即黄石磯也有西陵物治亦在江南之二証又曰西一縣地最遼闊漢以後西陽變世爲害亦謂之五水蠻五水皆源于西陽之北山上自保城今黄陂下至圻春盡屬西陽之境無西陵地此辨未確姑以爲不在江北之三証又曰或以麻城爲西陵地麻于開皇十八年乃梁信安所改與北西陽並置本漢西陽地與廢入武昌之西陵無與似已然宋祥符中李昉等輯太平御覽以麻城爲西陵地昉去隋唐未遠不應與正史牴牾辨言陵乃陽字之訛誤一史記楚世家正義引括地志西陵故城在黄州之黄山西二

里府志黃岡縣東十里有黃岡山平岡邐迤至洗馬池而止今舍江北黃岡山引江右黃石山以爲証誤二紀勝雲夢縣即漢西陵縣地通志以爲跨漢陽府爲之黃陂黃州府之黃岡麻城德安府爲之雲夢辨言雖在江北究非黃州府治予謂即非府治州在江北誤三蒙攷元和志陂黃縣本漢西陵縣地一統志黃陂縣漢江夏郡西陵縣地此江北之一証也紀要西陵城在府東北百里本楚西陵邑史記秦白起拔西陵或以稱爲即此漢置縣此江北之二証也一統志府志西陵故城有二在黃岡縣西北漢置縣屬江夏郡晉屬弋陽郡宋屬西陽郡梁廢元和志西陵故城黃岡縣西二里此在江北之三証也在圻水西南吳置吳志甘甯傳拜西陽太守領陽新（今興國西南五十里）下雉二縣（下雉今興國州）水經注江水又東逕西陵縣故城南注以白起取西陵即此以吳西陵爲楚西陵統志府志均斥其誤吳西陵亦在江北此四証也顧因西陽蠻世爲害謂西陽外幷無西陵地請即西陽蠻言之南史漢和帝末巫蠻叛討平

之徙置江夏爲西陽蠻晉懷帝初西陽夷始寇江夏自是蠻禍自熾宋元嘉末武陵王駿討西陽蠻二十五年以豫部蠻民立建昌南川長風赤亭魯亭陽城彭波迁溪東邱東安西安南安房田浠水高坡直水圻水清石十八縣屬西陽郡旋有併省其可考者長風赤亭置于建甯南安建昌郡縣所改浠水圻水軑縣所析卽此已得三縣析爲六縣之證西陵析爲何縣雖不可考明二十八縣屬西陽郡故曰西陽蠻况宋書州郡志西陽郡有西陵男相注云漢舊縣蕭齊尙以西陵爲郡治乎紀要西陵城蕭齊爲郡治梁陳因之後周廢然善長于圻水言西陵故城南于黃石山言西陵縣治蓋南北朝時設西陵於西塞山隋初省入武昌見紀要西塞山西塞近黃石山故江南有西陵耳謂立十蠻縣無西陵可謂西陵不在江北夫豈其然若吳黃武二年改夷陵爲西陵見陸遜步闡諸傳又一西陵卽今宜昌府也

大勝關即大城關考

黃安縣志大城關縣北九十里羅山界元世祖己未入此今廢府志同一統志里數亦同且云西接黃陂界北接羅山界相近有大城關紀要大城關麻城縣北九十里接河南羅山縣界宋開慶初蒙古忽必烈入大城關宋戍軍皆潰即此又云宋嘉城定中金人破黃土白沙關亦由小徑犯大城入關內又鄭鼎從元世祖南侵初破大關繼攻台山砦以上三事利病書亦同此皆作大城關也再攷紀要羅山縣大勝關縣南百四十里宋寶祐末蒙古忽必烈等分道南寇自光山會軍渡淮南入大勝關又麻城縣虎頭關云開慶元年忽必烈會兵渡淮趣大勝關分遣張柔趣虎頭關敗宋兵於沙窩又白沙關云縣北九十里西至大勝六十里東北至光山縣百四十里又黃陂縣大勝關縣北八十里去河南羅山縣百四十里舊志云宋末忽必烈南寇取道于此今詳見羅山縣通鑑宋開慶元年己未八月元世祖悉兵渡淮自將由大勝關張柔

由虎頭關分道並進官軍皆遁此皆作大勝也攷宋元二史自理宗淳佑六年丙午蒙古萬戶史權擁兵淮南攻虎頭關拔之進至黃州越十三年已未八月元世祖忽必烈（輯覽作呼必賚）始自將由大勝關張柔由虎頭關分道並進拔之元世祖本紀及張柔傳皆已未八月即宋開慶元年并無寶祐末攻大城大勝之事紀要殆疑大城大勝爲二故杜撰一寶佑末分道南寇之文也夫城勝或音相近而訛或勝大城而易名大勝耳乃或書世祖或書忽必烈紀入黃陂黃安麻城光山羅山言人人殊不知實在河南汝甯府羅山縣南胡三省注不誤而諸書之沿訛可哂也（大勝關在羅山縣花集之北十數里黃安汛與羅山汛會巡于此）

仙居縣考

麻城志沿革表唐爲亭州陽城縣復列仙居縣注云縣屬光州爲麻城西北界地今猶存仙居鄉仙居山之名攷麻志仙居山在縣北十二里麻之西北尚有仙居鄉則仙居縣似在麻境但明嘉靖中析麻之泰平仙居二鄉置黄安縣安之西北六十里亦在仙居山則唐仙居縣非在麻必安矣然考舊唐書地志仙居漢軑縣屬江夏郡古城在光山北十里宋分軑置樂安天寶元年改仙居新唐書地志仙居本樂安武德三年析置宋安縣以宋安置谷州貞觀元年州廢省宋安天寶元年更名仙居屬光州經淮水注淮水出西南具山東北逕光城東而北逕青山東羅山西俗謂之水仙居水東北流注於谷谷水東北入於淮 按羅山仙居名縣谷名州殆取於此又攷紀要仙居城在光山縣西劉宋置樂安縣屬弋陽郡尋改屬光城左郡齊因之梁置樂安縣於此後魏因之隋初郡廢縣屬光州唐初亦曰樂安縣天寶初改爲仙居縣仍屬光州宋因之建炎中省又引舊志云光山縣西南五十里有仙居山唐

仙居縣以此名据上數書仙居名縣以光山之仙居山或仙居水名矣若仙居古城在光山北十里舊唐書一云在光山西紀要一云在光山西南五十里決不在麻安境惟光山西南五十里去麻安界百餘里或有地屬仙居則未可知耳謂仙居縣在麻黃安誤矣

附攷劉昫曰軑縣故城在仙居北十里仙居本漢江夏郡軑縣地也今軑縣見湖廣蘄水縣又曰光山縣有軑縣城西陽城皆後代僑置縣非漢故縣据此則仙居北十里之軑縣乃光山之僑置縣非圻水之漢爲軑縣矣

倒水考

黃安中支之水縣志曰界河名其源也統志曰紫潭河名其委也府志曰倒河以水經注水出黃武山南逕白沙戍西東南逕樂達城戍西東南合舉水者名之也攷統志倒水在麻城縣西今名浮橋河源出羚羊山分水嶺南逕艾陽寺東折逕西陽鎮似即北西陽故址會東山支流抵沙灣不爲浮橋河又南至金家河夾沙洲河爲兩河口與縣河合縣河即舉水是倒水東南合舉水也夫水經注倒水出黃武山南麻志統志倒水出羚羊山山名圖異然羚羊山有分水嶺水經淮水篇黃水出黃武山東北流木陵關水注之黃水又東逕晉西陽城南又東逕南光城又東北逕高城南又東北逕弋陽郡又東北入于淮謂之黃口紀要河南光州潢水在州治南源出麻城縣分水嶺東流歷光山縣境又東北至州城西北復貫州城而東出又折而北注于淮水經注謂之黃水入淮處謂之黃口俗呼小黃河云云然則黃武羚羊名雖不同倒水

黃水同出分水嶺則同也且府志言倒水出麻城白沙關攷白沙關確係光山境東距今麻界數十里南距今安界十數里誤一又言逕雙山璺入縣界攷雙山璺水南下十里爲箭廠河又十里程方河又十里牌樓河又十里袁英河至雙城合界河界河東距雙山璺十數里中隔觀音岩大佛小佛諸山實東逕黃石岩過八家南至七里坪又南至雙城縣雙山璺河安得謂逕雙山璺入縣境乎誤二況白沙關南曰南坳北曰北坳俱險要再北卽新集幷非黃水所出安得指界河爲倒河惟注言逕白沙戍西羚羊山距白沙關數十里又在其東微有不合意白沙關之外別有白沙戍築達城戍或在沙灣夾沙洲歟第就一山分出兩水一歸江一入淮而言則羚羊山發源之爲倒水白沙關發源之爲界河紫潭河彰彰明矣

附攷麻志羚羊山在縣西北九十里西南有分水嶺倒水分流之處南流爲艾陽寺河北流入河南光山宋縣界以產羚羊得名府志麻城縣百里曰羚羊山以產

羚羊得名西南有分水嶺倒水分流之處南流爲艾陽寺河北流入光山縣界與麻志合　按府志於麻城羚羊山既書倒水又以黃安出白沙關者爲倒河不有二倒水乎自相矛盾如此　夾沙洲麻邑南十里東北河會處闊里許長三四里通志麻志同　通志麻城倒水在縣西今爲浮橋河

書後

鄉土志既成自書其後曰甚矣編纂之難也初　憲檄下安益杞以閑曹多暇顧斯槧鉛前令謂當諭紳撰述歸杞刪改嗣越數年無成陳辛渭明府涖任蜀名進士始令承乏之於是朝稽夕考博訪周諮心力交瘁期而後竣撰諸事必詳明言必簡也雅之指尚恐無當也迭呈明府審定亟命印行以助蒙正然此特草創耳討論脩飾潤色仍俟後賢

宣統元年二月朔日黃安教諭咸甯余益杞識于東齋

黃安鄉土志下卷終

荊楚文庫

〔民國〕黄岡鄉土志

胡鑄鼎 編

《荆楚文庫·方志編》編纂組

組　長：賀定安　陽海清（執行）

副組長：劉傑民（執行）　王　濤　謝春枝　范志毅（執行）

參編人員（以姓氏筆畫爲序）：

王　濤　李云超　宋澤宇　范志毅　馬盛南　柳　巍　陳建勛

梅　琳　張文静　張雅俐　陽海清　彭余焕　彭筱溦　賀定安

楊　萍　楊愛華　雷　静　劉傑民　謝春枝

編　審：周　榮

顧　問：沈乃文　李國慶　吴　格

前言

《（民國）黄岡鄉土志》一卷，胡鑄鼎編，民國稿本。

胡鑄鼎，邑人，民國九年（一九二〇）六月畢業於教育部國語講習所第一期。

隋唐置黄岡縣，屬黄州府。自有明一代始，黄州府、黄岡縣均六修志書，流傳有序。此稿本，無序跋可考，無目録，分山川、人物、物産、風俗、農田水利、學校六條，條下因需設目。本志山川、人物、物産、風俗，取材州、縣志，多載本土顯近人事，夾叙夾議，簡約呈現鄉土民情。農田水利分黄岡農地水利爲高地之農田水利、平地之農田水利、低地之農田水利，編者認爲『黄岡於其三者皆有起色』。於是請以前賢之論，參以西人農業學，析物産特色，討論農田水利灌溉之需，期他日實業家出，因地制宜，可臻富足，亦可有益教育。學校認爲：『鄉校爲國校之基礎，高初學校爲各大學專門學校之基礎……教育爲天下第一事。』該志詳列學校表，叙黄岡縣舊時書院改爲新式學堂之變遷，議初等義務教育之不可少，憂雖有完全設備，但辦理人多無新學知識，又不得地方之信仰，以致科目不全，與私塾無别。爲此編者深慮本縣教育前途，指出：新進者不能得地方信任，舊學家又死守教法不知變通，致使新舊皆受地方淘汰，乃『其受病之源』。

《中國地方志聯合目録》著録此志，北京大學圖書館藏有稿本，二〇一三年輯入《北京大學圖書館藏稀見方志叢刊》影印本。

兹據北京大學圖書館藏民國稿本影印。（楊愛華）

目録

黄冈乡土志

胡铸鼎

鄉土志

孟子曰晉之乘楚之檮杌魯之春秋其實一也蒙嘗意春秋得百二國寶書而成設無其書則亦無從筆削是鄉土之有志由來尚矣黃岡爲淮楚之交遥接巴蜀襟帶江漢處南北要衝其山川之靈秀史册昭然而歷代名儒之講學於此者亦紙不勝書是以士習之正自今賴之究之倉廩實而後知禮節衣食足而後知榮辱不有土物之豐則雖教育萬能亦難爲無米之炊然則物愛心臧之義可忽乎哉爰臚列山川

人物出產風俗農田水利學校之大畧、以著於篇、以備國史之採擇、亦春秋寶書之意也、作鄉土志、

山川

自太史公起事東南成功西北之說出、後之學者、推而大之、南性浮華、北性樸實、一國如是、何一邑亦如是耶、是豈山川異勢、南北分途、果如物理家所謂地球有磁石歟、黃岡大崎龍從北峙、長江澎湃東流、東南多水、西北多山、南北之性、界如一國、蒙深願近山者與近水者交互教育、使南北之知識、

達於一水平面、以此化邑而邑化、即以此化國而國無不化、
南北之風、庶乎同矣、列山川表於後、

山

東北山脈起天柱、西南至麻城為龜峯山、又廻為黄櫱山、起伏入邑北境為大崎山、
自大崎山東南為小崎山、破山、東南為天馬山、雲龍山、北東為青峰巖、又東為石人寨、箔金寨七道河水由三里阪至雙河口、經此入羅田油河、

自破山東南、别為和尚巖、南為白雲山、團山、西為泉華山、戚任山、西北别為茅城山、林家山東為尋馬嶺、為但店五桂河水至此會於油河、

自泉華山東别為劉婆巖、南為黃龍山、又南為佛過山、為静明山、巒蒙山、陳家河、溢流河水至此會巴水、

自大崎山而南、迤邐為接天山、其西北水流入道觀河、其東南水流入牛車河、

自戚任山西為鐵門關、為鐵冶、南為天池寺、龍門坳、龍岡

山、别為獨山巖、東别為百丈巖、沙鉢腦、聖泉山、豹子腦、大碧山、夏鋪河與牛車河之水至此合、由東港河入巴水、

自龍岡山西為馬鞍山、黄龍巖、張奐嶺、南為鶩公堡、東為石壁山、茅雲山、石子山東南為磨石山、螺螄港水至此由火燒港入巴水、朱大夫河水至魚博入巴水、

自鶩公堡而南、亘陳家坳為仙姑巖、為城山、為維摩堂、東為樂養山、西為金鷄山赤山、

自維摩堂、南折而東、為白洋山、南為迴龍山、由白洋山而

東、為桃花洞、峰火山、西南為古闡山、南為獨峙山、自此逶迤而南、東為霸城山、東之南為馬騎山、三台河水至此會巴水入江。

近城東北為聚寶山、龍王山、西北為赤壁鼻山、迤東為柯山、石牛山、正北為玉几山、城南為黄岡山、悉為郡城拱護、

西北山脈、起黄安縣西北一百里、天臺山來入縣境、紫潭河東為石屋山、為鳳凰寨、紫潭河西為龍王山、二十里逾望星橋為三山、又南十里為陶山、為井字山、又南二十里為

淘金山、其北别為安甯山、為馬鞍山、錦屏山、為松湖雨山、又西南為半辮山、龍窩山、逕界埠為武磯山、香爐山、為閣木山、為麻墩山、逾接龍橋為鳳凰山、為大士閣磯、凡亙十里、濱江至龍口為珠山、為十里長山。

川

江　源自岷山東下、逕翼際山與漢水合、至五通口入縣界、三十里逕陽邏堡十里逕龍口港、二十里逕雙流夾、四十里逕團風鎮、舉水及道觀河之水入焉、又東四十里逕三

江口、又東三十里逕城西北赤壁磯、又四十里逕巴河口、巴水自東北注之、入蘄水縣界、

舉水

源自麻城縣東六十里、龜峰山稍北、黃蘗山西南、流入縣界、嘉魚村柳子港、南逕赤土坡、又南逕秤鉤灣、經流逕舊州、為舊州長河、三店橫河之水入焉、南過姚二渡、南為廟埠潭、為黃舍潭、又南為石頭潭、董福灣支流自楊家河口、南為汲水港、又南為小西河、至細河口與經流合、白塔河之水自東入焉、南逕辛家衝、又南逕赤腳山、為方一

渡、又南至穆家涇倒河之水自西來會合倒河口合流南至徐家樓下之張家灣、支流東注史壩橋河入江、今湮經流南注鸞公頸、古稱大舉口、南入於江、

倒水

源自麻城縣西北九十里羚羊山、白沙關、逕黄安縣南之雙山河、至紫潭河東南入縣界、南流為石板潭、南逕馮家集、又南逕孔家埠、孫站埠、桑樹嘴、又東逕張渡湖、咸化河之水入焉、河在縣西北百五十里、特倒水之別出、或以為發源於羅山者誤、河分二流、南至龍口為龍口河入

江、東至倒河口、入於舉水、

道觀河　源自大崎山、西南流為高家河。折而北為倒灌河。即道觀河也。復折而西南、至兩河口、沙河之水會焉、南過楓香墅、馬鞍山河之水會焉、南過舊街、又南至柳林、水分為二、東南流者為黃家河、西南流者為柘林河、俱會於雙河口、西流為白塔河、入舉水、南流注鮑湖孔子河、淋山河之水皆入焉、自史壩橋塞皆經磐石橋達赤山橋、由三台河、至下巴河入江、

沙河

源於麻城之鐵線嶺、入縣界爲沙河、南流逕陶家寨、又南爲孫家河、又南至兩河口、入於道觀河、

馬鞍山河

源出馬鞍山、東北水漸流入上巴河、西南水自山折而東、入三廟河、復折而東南入舊街、河、復折而南入椰林河、栢林河、達白塔河、出鵞公頸、入江、無逆、入道觀河、者、縣志載流爲傅家河、磙子河、自史壩橋塞亦止、南經磐石橋、赤山橋、達三台河、至下巴河入江、

巴水

源出羅田縣東北一百五十里、南爲陳家河、一里河

之水入焉、又南為上巴河、馬家潭、東港水、火燒港之水入焉、又南逕孫家嘴、為西陽河、南逕馬騎山、三台河之水入焉、又南至下巴河入於江、

三台河　源自迴龍山、歷瓜瓞灣、會鷂子湖、由沙涇合南湖白灘湖水入於下巴河、

界埠河　源自鄖口、過黃陂縣、自縣倉子埠入界、

上新河　在城西、原無河、康熙間知縣鍾葦捐錢三十萬挑濬成河、引磯窩湖水從此入江、棲泊舟楫、以避風濤、

人物

昔人云、十室之邑、必有忠信、又云、光黄間多異人、予小子生斯土也、暨觀累代、橫攬四方、未嘗不嘆先正之華華濟濟、代不乏人、靜夜思之、無能為役、然莫為之先、雖美不彰、莫為之後雖盛不揚、士君子欲為往世繼絕學、萬世開太平、必自一鄉一邑始、然則表彰先正、發潛德之幽光、孰有急於斯乎、黄岡一行之士、縣志紛陳、所謂沙場義士、巾幗完人、宦海馳聲、貨殖列傳、自古迄今、蓋雖備述、今特取儒林文苑隱逸中之

頗有著述最關教育者畧表十餘人以徵慎重而示闕疑他日証之國史未審以為何如也列人物表於後

明

郭慶字善甫聞王文成講學徒步往從之三年得其說正德丁卯舉於鄉授清平知縣以廉稱勤於撫字捐俸給貧民牛種在官五年乞休民為之立祠祀之家居儉約親鄰有困匱輒賙給之耽吟咏每詩成常自削稿故著述不多見

吳良吉字仲修師事王文成其後自授生徒矩矱嶷然而純

粹可親、學者宗之、作詩歌、有邵堯夫風、孟津知黃岡、延之書院、有人夜懷金請間、良吉怒、郤之、及卒、耿恭簡備棺斂為作傳、瞿汝稷為立墓碑、

樊煒、字崙川、性孝友、少負雋才、博通經史、以選貢授漢陽訓導、約法嚴明、講學不倦、故其後及門多以經術顯、子孫在官者皆能樹清節、以子玉衡侍御史封如其官時人以為純學之報云、著有史學集等書、

蕭繼忠、字康侯、性豪邁、弱冠列弟子員、擢中副車、先是蕭文

憲為酷吏所斃、其子繼元愬於朝吏、以繼忠為元之從弟也、遂誣以盜、置於獄、榜笞且劇、繼忠投獄井、經宿不死、遂讀易窮性命之旨、既出、折節力學、遊燕都、越金陵、抵江右、訪求名儒、學純篤、後設教白鹿首善書院、及歸、又與同郡王陞黃彥士諸人修問津書院、遠近受業者數百人、時魏璫恣横、附之因揚左憾東林摧殘、楚士尤篤、繼忠閹緹騎至、即時就道、顏色自若、家人無一知者、會魏璫誅、乃免、以講學終老問津、著有語錄諸書行世、杜濬、字于皇、號茶村、名詔先、崇禎己卯副榜、父祝進、舉人、官國子助教、精藻鑑、有隱德、濬負異才、以詩文名家、壬午不售、遂絕意仕進、游覽名山水、才聲雄概、驚豔江淮、士大夫以不識其面爲恥、乃益隱避、甘心窮餓、以守道義、老於江淮之雞鳴山右、曰寓齋、年七十七卒、越十九年、長沙陳鵬年、知江寧府、始葬其地、桐城方苞爲墓表、子世捷、世農、世濟、遂家焉、皆以詩文繼其業、濬著有變雅堂文集六卷、茶村詩抄五卷、補遺一卷、附錄二卷、杜岕、字蒼畧、同凡濬居江南、以吟咏自適、雖饘粥不繼、郭然不介胸臆、桐城方苞與凡舟從受業焉、岕七十七卒、著有些山集、苞爲之銘其墓、

清

曹本榮、字木欣、號厚菴、父大輔、諸生、以學行稱、本榮少即有志聖賢、清節自勵、順治己丑成進士、選庶吉士、初好王文成書、及得館師胡此菴激發、退而深思一年、豁然有省、遷司業、以正學爲六館、順治九年、上言、宜開經筵討論經史、

以崇德廣業、一切章奏事宜、必延輔弼大臣、面議可否獎廉而禁貪、藏富以足用、慎刑罰、定制度、報聞、舉日講官、累遷左庶子、又詔與大學士傅以漸纂修易經、充經筵講官、復纂修歷代通鑑、累遷國史院侍讀學士、素善病、上遣良醫診視、御筆作畫、親書丙申仲秋倣宋僧巨然筆意賜之、上一日讀孟子人知之亦囂囂、顧本榮曰、自得無欲、汝足當之、其眷注如此、康熙二年、以病歸卒於揚州、臨終、沐浴正衣冠、視日方中、危坐而逝、稱文靖先生、子宜溥、舉博學

宏詞、官檢討、篤學勵節操、著有鳳岡詩集、

陳大章、字仲夔、康熙戊辰進士、選庶吉士、性恬淡不趨榮利、以母老乞歸、孝養備至、築室松湖、鍵戶讀書、究心天人之理、學益純邃、獎引後進、多所成就、聞人善、必側席禮之、教子弟有家法、置節孝祀田、兼以贍族、著有詩傳名物輯覽、玉照亭詩集、北山文鈔、讀史隨筆、抱節軒類記等書、

萬年茂、字少懷、號南泉、曾祖爾昌、祖為恪、皆名德、父繼祖、有隱德、年年（茂）承積廕、生而清英、年十四、楚撫觀風、取冠八郡、

後王中丞士俊尤器之、目為鼎彝法物、乾隆四年、成進士入翰林、淡於勢利、一刺不投要津、曰與同志趙青藜蔡辛輩、以道義相切劘、時史館例進經議、年茂指陳時事、不避忌諱、掌院鄂爾泰讓之、弗為動、辛酉典試山東、壬戌分校禮闈、所拔皆俊士、梁國治、劉鏞、乃其尤也、旋擢御史、感上嚮用、遇事益敢言、如請免蘇州米豆稅、關闕未及丁請勿償、皆奉命旨頒行、越二年、坐彈劾詔人語過激、免歸、未出都兩月間、研玩周易、作圖說六卷、發體用一源、顯微無間之蘊、揚名時見而嘆曰、歷聖心傳具是矣、歸里杜門謝軌、樂志養親、郡省大吏慕其賢、爭聘主講書院、歷麟山涑水鷺洲豫豫章河東嶽麓江漢、所至身范口鐘、學者尊信之如山斗、楚中大吏奏允重鹿鳴、詩歌傳和、鄉國榮之、年九十乃卒、平生無惰容、無纖語、潛思超悟、不落玄虛、嘗言太極與中庸合一、以天地實跡證之、以人驗之、而要以立誠為本、又言中庸綱領具乾二文言、節目具坤二文言云云、皆深造自得之言、弟年豐、年衛、皆舉人、子承宗、進士、孫亦顯

闈

劉子壯、字克猷、少穎慧、讀書目數行下、屬文雄肆、成一家言、制藝為楚風冠、順治己丑、成進士、廷對第一、授國史院修撰、條奏皆舉行、壬辰分校禮闈、得二十二人、皆知名士、尋告歸、垂橐蕭蕭、如布衣時、性孝友、父母早喪、撫諸弟及從子五六人、篤愛無間、雖值離亂、必教以禮、嘗過崑山令、雅與厚善、贈以千金、不受、見小吏因、白而釋之、吏感其德、將鬻女報焉、聞其卻千金也、乃止、自少讀書文昌閣、省身惟謹、旦晝所為、夜必焚香以告、終其身如一日、著有屺思堂集、葉封字井叔、號桐初、順治己亥進士、少學詩於外舅杜濬、在都門與王士禎宋犖顏光敏輩齊名、著有慕廬集、子道復進士、孫德涵、貢生、有文學、或以封為黄陂人、指寄籍言、

陳芳烈字仲紀、少穎異、博學能為詩古文、究極根柢、排兀奥衍、試輒冠軍、名重一時、著有周天易數二卷、觀心堂集十卷、子裕貢生、竹谿訓導、

朱日濬字睿水、好學博文、端方自守、由歲貢訓導、均州講説經義、後進以為典型、著有四書五經門句解百餘卷、黄文

獻六卷、其門人王材任兄弟爲梓行之

詹大衢、字麗門、謹之次子、康熙壬子副榜、授翰林院孔目、性至孝、居母喪、有白燕來巢之異、穎敏力學、手一卷、寒暑不輟、著有大易疏晦四卷、發明朱子本義、及孝經瀹注、黄安縣志、環溪草堂集、白燕集、兄大衡、貢生、黄陂教諭、從子士懿、康熙戊午舉人、漢陽教授、俱有文學、士懿以孝聞

胡之太、字康臣、性穎敏、有文名、少孤、依叔氏以孝稱、康熙戊午舉人、教諭長沙、先行後文、學者宗之、擢淶知縣、以老辭

不赴、歸園風詩書自娛、性好善汲引後進、閩人一長、稱述不置、年九十卒、甲子與修通志、著有華古名言卦餘集、

靖道謨、字誠合、乃勸子、才識英練、舉求實用、文名擅於楚、康熙辛丑成進士、少時嘗學於王徵君心敬、後遊楊文定公之門、故其學益純邃、累聘主鼇山、白鹿洞、及江漢諸書院、教人以敦品實行為務、多所成就、嘗修雲南貴州下荆南道及黄州諸志、義例嚴明、稱善本、乾隆元年、河南總督王士進以博學鴻詞舉、五年巡撫唐綏祖復舉經學、皆以老

疾不赴、卒年八十有四、家傳三禮之學、因纂輯諸儒、訂以己意、曰過庭編、又著有中庸注釋、繫辭解、果園古文、時藝家訓、書院詩鈔、講義、及詩鈔、諸集、諸生卓有文名者十二人、載黄岡縣志、

李鈞簡字秉和、號小松、知府長青子、乾隆己酉成進士、幼端敏、三歲侍祖母食、置膝上、槃匙或參差、輒取正之、母奇其有成人禮、五歲解賦詩、父覽之、喜曰、是兒必為偉器、比長隨侍蒲郡、俾衣食如寒素、曰、吾不欲損其福、既釋褐、授編

修、嘉慶四年、分校禮闈、累陞內閣學士、典試江西、六年復督江西學、三執文衡、得人稱盛、如盧制軍坤、鮑侍郎桂星、白侍郎鎔、朱撫軍桂楨、花方伯杰、劉侍御史衡、羅侍御志謙、趙太守學轍、湯太守儲璠、其尤著者、先是鈞簡入詞館、有權要聞其才、欲羅致門下、簡不與通、故蔽之、十載、權要敗、乃歷兵吏工三部侍郎、上特敬重之、按簡本庶出、至孝過人、事慈母林如其母、平日燕處不去衣冠、又無人不敬、倡修湖廣會館、獎掖後進、著有周易引經通釋、齋融日錄、

物產

周禮大司徒以土會之法、辨五地之物生、產物之適宜良有定性也、是以橘生淮南則為橘、生於淮北則為枳、苟不通農家作物之學、則如教育者之不能因材而教也、然則沃土不才、宜深慮之、黃岡舊有西北百里田多閒曠十畝價僅數金之說、有土無財（不甚確乎）爾來游民稍息地不愛寶此固歲物之豐成亦足徵實業之發達也、嘗嘆國家實學不興大抵青年士子、不辨菽麥、不知稼穡之艱難、遂使中國之貧至於斯極也、

故博物一科、與其試之書册、不如驗之實地、列物產表於後、

黄岡古產詳一統志及楚志、今不書、特書其顯近者、

邑田山隰各半、負郭及平原者氣煖土沃、早穫而厚收、山谷及谿磵者、氣冷土瘠、遲穫而薄收、其穀有麥有稻、麥有大小二種、又有蕎麥、稻有粘穀、中遲晚穀、糯穀之屬、有黍有粟有豆、黍有粘有糯、粟有粘有糯、有蘆粟、豆有黄豆菉豆紅豆泥豆豌豆蠶豆豇豆扁豆刀豆、其别屬有芋有脂麻、堪資民食、

佐食者蔬自演武廳至下巴河口、瓜菜圃也、各鄉曲亦有之、販鬻者以資生焉、其菜有芥、有菘、有芸薹、有菠、有芹、有莧、有茄、有著蓬、有同蒿、有蒿苣、有韭、有葱、有蒜、有薤、有大椒、有蘿蔔、有山藥、有薑、有百合、瓜有黃瓜、南瓜、冬瓜、菜瓜、絲瓜、有瓠子、有葫蘆、水蔬有蔞蒿、有茭瓶、有水芹、有藕之屬、野者有白花菜、有薺菜、黃瓜菜、馬齒莧、現有菸葉通西洋（東）、若花果樹木草藥、則地不宜果、梅桃棗梨柑栗菱芡蓮子勃薺之屬、有亦不甚佳、俗尚樸雖縉紳家亦無奇花異木可

愛瀕江洲渚多楊、入山多松、外惟桑柘供蠶、竹供簟絲綿
棠梨供刻板、茶供瀹茗、佐餐耳、舊稱地黃等藥、今無取採
至鳥獸蟲類、難言土物、其足資食貨者、畜有牛、馬、驘、驢、羊、豕、
貓、犬、鷄、鵞、鴨、鳥有梟、雉、麥啄、獸有兔、貛、狐、狸、
長江諸湖、鱗介有魴、鯉、鯽、鮎、鱮、鱖、鱒、鱅、鱌、鯮、鯇、鱧、鯖、有陽鱎、
有鯊、鰵、有黃鯝、有黃鱨、有白小之屬、鱣、鮪、鮰、鰣、鰻、鱺、鰌、鱓
蝦、蠏、龜、鼈、亦有若江豬、河豚、無可食、蟲有蠶蜂、小民利之、
耕漁外有棉布、黃絲、青靛、清油、黃扇、竹簟、飲饌有酥餅等物、

風俗

黄岡風俗、隨山川為變遷、其學術之競爭、雖名儒碩彦不無朱陸之門、户此固天造地設、南北歷來之界限、然士傳家學、人喜為儒、重廉恥而無干謁、畏法令而尚清議、蓋南北無異也、夫風俗之厚薄、自乎一二人心之所向、有一王通、足以變隋而為唐、有一顧亭林、足以變明而為清、衆之所趨、勢之所歸、教育之功、彌綸天下、尚何患時代之改觀、山川之殊性也哉、且邑自隋唐以來、俗尚純質、千餘載不失先民矩矱、追劉稚川生而制藝隆、王稚欽出而古文盛、移風易俗、何收效若是之神耶、迨今科舉廢、學校興、守舊者厭譚歐化、求新者輕視聖經、致使學問之道、有畸輕畸重之弊、此誠不敢為邑人諱、尤不得不為教育諸君子勉、蒙深願新舊兩學、陶鎔於一爐、勿數典而忘祖、勿刻舟而求劍、道德依舊、學識務新、循是為之、數十年之後、文明超過乎前代、有採風而過者、必曰盛哉乎斯世、列風俗表於後、

按黃岡縣志載其農民力田地、半肥磽、無產者佃於人以

自給澤居兼資網罟安於土著不樂遷三時致勤至冬乃營他務納國稅以時畏官府如神昏重親迎喪沿禮儀春秋二祭掃墓有期崇神信禳亦有之婦女習勤不尚妝飾東利桑蠶西利紡織南近水以績為業閫範整肅知禮義自守孝多可稱貧落不廢儒業否亦就耕境內士農多而工農商少其大較也宋蘇軾跋韓魏公詩亦有尊德樂道異於他邦云云

士業　士好讀書以博覽著述為業自貧不能相下舊時沿

經者多禮記、各有師承、今北方好求舊學、南方兼採新學、然私塾盛於學校、老生宿儒、依舊講求（學）者、所在皆是、甚至有鄉師持厭世主義、流於方外、着佛經以自適者、教育不振、大抵坐此、

農事

農力作而重去其鄉、歲清明始布種、彌月而栽、比鄰皆助之、鼓歌相催督、其稼有一穫再穫、曰早曰中遲曰晚、及秋有蕎棉及大小麥之預種者、西南濱水常苦澇、東北近山、皆苦旱、故隄防之設、溉灌之資、籌其利焉、

蠶事　清明浴種、婦人始治蠶事、初生拂以鵞羽、既食剉桑葉食之、乃有三眠、至於大起、分箔登簇、成繭、而繅之以供機杼、

織事　入夏植棉亢爽之地、涼風既至拾其花、紡而織之、

方言　土氣厚重、其聲少清、其土音如呼須近西、去近棄、水近暑、眼近闇之類、

冠禮　勝冠後涼暖尊禮制、士庶稱其分、衣華樸以家皆以整肅、

婚禮　重門楣始通媒妁、問名有儀、其納采請期親迎以遵

禮、制聘資妝奩弗計、

喪禮

親沒訃於戚友、沐浴殮畢、殯於中堂、家人裂布裹頭成服、齊衰下各以等期、朝暮奠、涕泣杖踊、飦粥苫凷如禮、戚友赴弔以期、至有奢儉也、庶民崇佛事、或鼓樂治具醵錢、坐夜擇地營葬、用形家言、其導送如治喪、

祭禮

或祭於墓、或祭於廟、四時節序及生忌日、祭於寢、其廟祭序長幼、族長主之、具牲醴几筵楮幣、祭畢、燕飲分胙而還、世家有祭田、以共時祀、

歲時

純用陰曆、元旦五鼓起向北叩首、祝聖啟門以酒酹地而拜曰出方、還室、禮家神祖先子弟以次拜賀、自是親友慶賀讌飲、或以粔籹相饋、三日以牲醴祀門戶神、飲酒後各理舊業、至於正月十五、二月花朝、三月清明、五月端午、七月盂蘭會、八月中秋、九月重陽、不脫舊時習慣、雖改元易朔、世界文明、而邑人之迷信、猶自若也、

農田水利

西人分農業為二、曰正業、曰副業、正業即農業、副業即漁業林業也、然孟子謂不違農時、穀不可勝食也、非農業乎、數罟不入洿池、魚鱉不可勝食也、非漁業乎、斧斤以時入山林、材木不可勝用也、非林業乎、黄岡地形分三種、曰高地、平地、低地、高地宜木、平地宜穀、低地宜魚、然則所謂農田水利、僅平地有之、而高地低地皆無耶、曰否、夫漁業林業、所以補農業之不及、何則、天道燥濕不時、産物之隆殺、亦因之而異、時而過燥也、平地難於灌溉、則苗槁時而過濕也、平地難於隄防、則苗淹、由燥而濕焉、木產可以恢復、林業得由濕而燥焉、魚產可以收成、漁業得、天工既闕、補以人工、深谷未熟、濟以高地、其為利不更大哉、嗟夫、世界之生活程度日高、民間之田地出產有限、請以賈讓河渠書、管子輕重諸篇及史公貨殖列傳、參以西人農業學、與邑人詳為討論、庶農田水利、可以望其切實發達、列農田水利表於後、

高地　產穀間或有之、亦開有池塘、以資灌溉、然要以林木

為大宗、林木之中、除各種燃料外、桑樹亦極多、故南方多產棉花、北方多執蠶業、利亦甚大、近來出有特產曰菸葉、東北一帶、在在皆是、每年西人直接來此購買、利恆巨萬、統名之曰顧崗菸葉、閩西人造紙煙、萬難少此、是以發達甚烈、而較平地之穀麥棉花、利不相讓也、畜牧亦多、

平地以穀麥棉花為大宗、麥多旱性、灌溉全無、棉花值天氣長旱、地恆起火、故灌溉者不少、惟穀不能缺水、田乾數日、即男女車水、灌溉、近來仿西人水利法、組合普通水利、

以為水害豫備、此專為保護土地而設、以能發達土產物為目的也、一專為防禦災害而設、以期無廢隄防、浚渫砂防等工事也、然尚未實行、至於辨土性、如禹貢所謂物土各有所宜、清地畝、即所在閒地、繞行開墾、整田地、即孟子所謂正經界、製肥料、即各種之糞、加以製造、及地方各種污濊物、他日發明甚多、即可以用地力而不盡地力也、

低地

稍低者、設有隄防、可可以植穀於其內、隄上植有樹木、居處於其旁、蓋樹木之利、可防水害、可防風害、可防潮

害。至其多含空氣，尤有利於衛生。其最低者，昔日徒產魚。近來春日無水，盛產青草，每春農來此取草，以供穀田肥料。草場主人翁取利甚夥。夏日魚產發達，頗稱大宗。業漁者，生活容易，過人農夫。至秋冬時，水盡水退，荻亦盛產於其間，每年賣荻於人，以作燃料，亦絡繹不絕。其與平地之穀麥棉花相較，出息復何讓焉。

綜上三者而論，則有高地之農田水利，有低地之農田水利，有平地之農田水利。黃岡於其三者，皆有起色，他日實

業家出、因地制宜、可臻富足之境、其對於教育施行亦有種種之方便、猗歟休哉、有厚望焉、

學校

鄉校為國校之基礎、高初學校為各大學各專門學校之基礎、蒙正未養始基不美、而欲學校發達、媲唐虞而駕歐美、是何異斧根而求葉茂、塞源而欲流長、豈不戛戛乎難之哉、黄岡為陳慥蘇軾闡教之鄉、自隋唐以降、儒風未玷、於楚、何書院改、學校設、文明反異於古所云耶、蓋前輩先生多流於厭世派、而繼起之士、復染於激烈派、過與不及、氣無以通、於是乎師不嚴而道不尊、道不尊而民亦不知敬學、夫教育之道、談何容易、無真學問、不能使兒童悟、無真精神、不能使兒童興、無真道德、不能使兒童服、觀日本之吉田、松陰、西鄉隆盛山鹿數行、後藤象次郎、及我國程朱陸王之講學、其學問精神道德為何如也、其弟子之多、成德達材之盛、又何如也、不法外人、則法古人、本之國學、參之西學、疏通意見、庶可於教育界別開生面也、蒙嘗攷成周之里宰黨長以官為師、而伏羲神農有巢、以教為政、教育為天下第一事、諸君子慎勿小於一鄉一邑之範圍、而亦天下之不廣云、列學校表於後、東坡書院在城東，縣儒學故址，即宋蘇軾雪堂地，後陳慥講學，遂為書院。明初改為縣學，屢為兵燬，至光緒時知府英啟復建，規模宏遠，今復改為女子師範學校，來學者甚多。

河東書院在縣治東南，宋時建為二程祠，後因祠室增建書院，今改為教育講習所。

定惠書院在清淮門外，相傳亦東坡故居也，今改為經學會。

陽明書院在安國寺左，即宋韓琦讀書處，昔有明董其昌書韓魏公書院額，今改為幼稚園。

睢陽書院即武節祠後廨康熙時知縣鍾華建延王道時明等講學其中一時負笈者衆今改爲圖書館

觀善書院在衛墩子下原名養正書院乾隆時置爲義學延師以教附近軍民子弟無力讀書者多所成就今改爲初等學校

問津書院在縣北九十里孔子河元龍仁夫講學處舊有先師廟在今廟右百步元末燬正德時復建邑儒郭慶吴良吉與黄安耿定向定力復講學於此蕭繼忠始與王陛同

志移建今處顏今名一時生徒稱盛明季兵燬康熙時復建構講堂及各要所規模宏大每年祭聖兩次士子肄業其中地方官鄉宦常來演講為邑中清雅地也今鄉老欲改為孔教會後起者欲設教育研究所從舊者多從新者少諒將為孔教會也

坪江書院在團風鎮乾隆時作義學規模宏大今改為初等小學校

停驂書院在上伍重鄉今改為農學會

回車書院在沙河方家畈，今改為初等小學校

文昌書院在上伍鄉校魚區，今改為初等小學校

蔣公書院久廢。

初等小學校，東西各國，初等皆為義務教育，以其決不可少之教育也。黃岡初等小學，共計四百餘校，其關於道德上、經濟上、便宜上、教授及管理上之要求，雖有完全設備者，然辦理人多無新學知識，又不得地方之信仰。以致科目不全，與私塾性質無別者，殊覺不少，欲求體智德真善美

之平均發達，尚俟教育家有以轉移而陶鑄之耳。兩等小學校，東西各國每每初高兩校，無分升學於無形也。黄岡舊日六汎，各設一兩等小學校，今合為縣東、縣西兩校。因但店地不適中，復與新洲分半經費，補設一校，亦變通辦理也。惜家庭教育與學校頗不一氣，兒童入校，恒習氣壞，而父母不得與聞，故每況愈下，人人視為畏途。加以算學、英文千方面不加注重，體操、音樂、手工有至於全無者，此亦非世界適者生存之競爭也。嘗考其受病之原蓋由新進者不能得地方之信任，而舊學家又為之力攻守死教育，而不忍釋，故新舊皆受地方之淘汰，而教育前途生此絕大之阻力，亦道德薄弱故耳。

荆楚文庫

〔民國〕漢川縣繫馬區鄉土志

涂銙 編纂

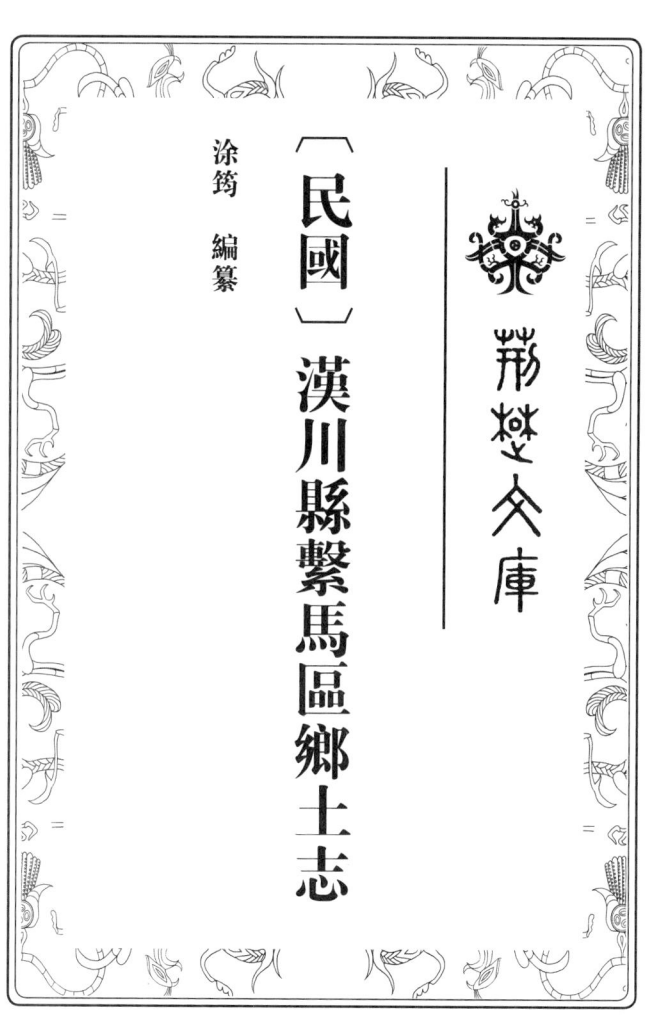

《荆楚文庫·方志編》編纂組

組　　長：賀定安　陽海清（執行）

副 組 長：劉傑民（執行）　王　濤　謝春枝　范志毅（執行）

參編人員（以姓氏筆畫爲序）：

王　濤　李云超　宋澤宇　范志毅　馬盛南　柳　巍　陳建勛

梅　琳　張　晨　張雅俐　陽海清　彭余焕　彭筱溦　賀定安

楊愛華　劉傑民　謝春枝　嚴繼東

編　　審：周　榮

顧　　問：沈乃文　李國慶　吴　格

前言

《〔民國〕漢川縣繫馬區鄉土志》，涂筠編纂，民國八年（一九一九）稿本。封面題『漢川縣繫馬區鄉土地志　史地部二年級生涂筠』。封面鈐『國立武昌高等師範學校歷史地理部成績　丹徒柳肇嘉教授』印，并貼有該校簽條。書名據『第一章』卷端題名題定。

涂筠，其時爲國立武昌高等師範學校史地部二年級學生，曾參加董必武組織的『人社』。國立武昌高等師範學校，一九一三年在武昌方言學校校舍開辦，培養湖北地區中等學校師資，翌年開設本科，設史地等四部。

漢川縣於清乾隆、同治、光緒年間三修縣志，皆有流傳。民國年間，各地提倡纂修鄉土志，本志即在此背景下爲漢川縣屬『繫馬區』所纂之鄉土志。『繫馬區』（今稱馬口鎮）爲民國行政區劃，民國年間『自治政興，區縣境爲二十一』，繫馬區即爲其中之一區，該志附有政區圖，該區管轄範圍大體與清代『繫馬口』鎮相當。《〔乾隆〕漢川縣志》記『繫馬口，在縣東南三十里，舊傳關王繫馬處』。同治縣志、光緒縣志皆載繫馬口。

繫馬區爲漢川名鎮，位於漢川東南，漢水流經全區，工商繁盛，實漢水碼頭重鎮。是志共六章，曰始論篇、天然篇、人爲篇、旅行篇、結論篇、圖畫篇。各篇下有條目，約四千字。始論篇述是區位置、境域及沿革；天然篇叙是區山川、地勢、氣候、物產；人爲篇叙是區街衢、市廛、工業、商業、教育、公共建築物、古蹟及風俗；旅行篇陳是區水陸交通；結論篇叙編者對本鄉土之感觸并論本鄉土與本縣、全省、全國及世界之關係，前者表達編者對本邑水患頻仍及教育弊端的憂慮，後者陳本邑軍事要義；圖畫篇有地圖一幅，係本鄉土地圖附交通圖。

《中國地方志總目提要》收録是志，《中國地方志聯合目録》載首都圖書館藏有稿本，湖北省圖書館有抄本。二〇一八年國家圖書館出版社《湖北省圖書館藏稀見方志叢刊》據湖北省圖抄本影印。茲據首都圖書館稿本影印。

（楊愛華）

目録

國立武昌高等師範學校歷史地理部成績丹徒柳翼嘉教授

史地部二年級生涂筠

漢川縣繫馬區鄉土地志

漢川縣繫馬區鄉土志目錄

第四章 旅行篇

[illegible]

漢川繫馬區鄉土志

第一章　始論篇

位置及境域

漢川地頻江漢星分翼軫距武昌省治百二十里為古雲夢之藪縣城東南十五里有繫馬口相傳漢壽亭侯繫馬於此縣中名鎮漢水經流處也自治政興區縣境為二十一本區以鎮名名繫馬區居其次焉東為甑山區南盡縣境接壤漢陽西南臨白石湖西逾漢水鄰仙女區西北沿麻埠港北與縣城中區分治南北侈而東西狹縱長不過四十里當庶幾冠全縣

沿革

區縣屬也欲明因革當悉縣治五帝時畫野分州漢川為荊屬地周以前

皆屬荆春秋時屬楚漢迄南北朝皆為安陸地隸江夏郡周改為甑山縣以山名也唐以縣為水國更名汉川宋初為義川縣隸漢陽府復以太宗諱易漢川漢川之名始此元明清皆仍之民國改府為道以縣屬江漢道尹

第二章 天然篇

山川

縣境東南多山西北多湖本區地頗平坦亦載湖山山有高觀小嚴湖有白石桐木支津池堰所在皆有就中勢大流急厥惟漢水漢水即禹貢漾水亦曰沔水以來自襄陽又呼襄河源出陝西寧羌北之嶓冢山東流至白河縣入湖北鄖陽經襄陽安陸至沔陽之脉旺入漢川境東行七十里北岸為涂家灘又東三十里南岸為繫馬口折而東北三十里經縣城又

東六十里受涓經漢陽境過大別入江計自涂家灘自縣城水行五十里皆區屬地而自涂家灘行步至縣城不過五里以區度河其形如玦登高俯瞰狀若游龍

地勢

漢川合沔水涓水之流淞湖揚波於西北連小別大別之峯霓山呈雲於東南本區地勢雖較平坦然而小別東鄰高觀南踞石湖西蓄芝山北鎮漢水浩蕩東下而獨盤屈於此間語山得山之靈語水得水之秀山水之形粗具而山川之氣悉歸焉

氣候

本地盛夏多雨初冬多風雨節藏如稲秧風久地成龜背殘冬雹霰時作積雪不深有時襄河結冰凍解冰流人稱雪排夏秋之間河湖泛濫水面

增加所賴以調節日炎者日光蒸發之水分耳加之桑槐遍野楊柳盈堤綠陰如蓋暑氣從而消蝕矣冬季林疏水枯嚴寒凜冽村人閉戶家居煖重於飽方之漢口夏涼冬寒

物產

本境地頗腴美人勤耕耘第田少人多（衆）入難敷出不得咎物產之不饒也鎮南產多稻棉鎮北產多豆麥近年棉花價昂人民爭趨其利棉額日廣蕎粱蘇藍菜類落花生所在皆有尤以蠶絲為出產大宗宅外樹桑野無隙地蠶既成熟繅絲賣繭各因其便然而剜肉療瘡何以不困

第三章　人為篇

街衢及市廛

本鎮商務甲全縣水道迎江漢之商船陸道羅縣南之產品釐局未撤以

前行商從事闗稅每停船縣城藉資交易近則縣城商業多移貿於此商務日繁市肆櫛比街首埠頭砌門一顏曰繫馬雄闗從此入正街屋宇軒敞貿易特盛自正街右出者曰横街街傍凹港為達縣南之通道既盡正街街復左右出左屈直行者曰上街右屈横行者曰下街自下街歧出者為何新街傍河又有舊河街街各有巷地皆數石雖然行店雜處市事繁賾率由商務會督議其事而規律綦嚴商賈稱便

工業

工藝除日用品外則以榨油繅絲織布為最著豆蔴菜油供給武漢絲亦由漢運滬頗稱精良近時鄉間購用織機所織愛國電光各布足供市場之需鎮東里許有缸窰多至十餘座專造缸罎壺爐諸什器傍晚煙雲四塞夜間火光燭天開窰取貨積纍如山器本家用必需因之銷路甚廣黄

陂、孝感、天門、應城、雲夢、安陸、遠及潛江、鍾祥、皆其行銷處

商業

繫鎮商務雖稱繁盛、然僅互市通商便利、鄉人而操奇計贏之大商未與焉、本區以地頗不廣、趨而業商、一徃來川陝贛鄂間、數易寒暑、動致巨富、近者、衣服宫室侈靡一時、勢奪士紳、力傾里黨、商業固云旺矣、其如世風何、其他磁商轉運景德磁器、米商轉運湘贛穀米、有無藉以懋遷、土貨因之外行、獲利較緩、奢風未熾、

教育

鎮中有國民小學校一所、聖公會兩等小學女子學校各一所、鄉間概係私塾、一仍曩時舊規、惟塾師學行不一、幾有失業而為此者、童蒙因之智日以塞、性日以遠、夫今日之俗、昔時之教也、而今日之教、亦可覘將來之

俗、說者每歸咎於學校、學校固以除邪習、振聾瞶、既學之人、邪習如故、聾瞶如故、學校奚尚乎、吾鄉自甲辰縣學成立、規模宏大、迄今日就怠荒、實原於縉紳先生窺見其疵、懈乃倡導之力、遂致鄉學日靡、養正功弛、有識者如欲補救其失、其道奚由、

公共建築物

我國崇佛、重神、鄉閭寺觀獨多、本區數十家或數百家、必有廟堂一所、名為祠神、實係鄉人聚會議公之所、軒閎幽雅、各有異致、民房遠不若也、留心公益者、建修公廳、亦以神堂名、然後捐資較易、保存不難、民情好神、於茲可見、日來選舉議員、亦假鎮旁之大關岳廟行之、神靈尊嚴之地、喧鬪於是乎起矣、

古蹟

繫鎮上溯十八里為兩河口，留月堂故蹟在焉。留月堂者，隱士何友仁居所也，朱文公額曰光風霽月，人摹扁字猶存。傳恆詩：昔人去千載，遺蹟復泯滅，不見古時堂，惟見古時月。鎮下半里許有呂祖閣，与縣城東萬魁臺閣遥遥相峙，巍峩矗立，坐鎮漢濱，遊者登閣凴弔，不禁感懷。湖水蕩漾，思雲夢之古藪，滔滔東下，獨漢流而長存，禹功未已，楚雄安在哉。魏清風教傳鄂渚，易理闡天地之變化；張甑山肩擔道義，正氣服江陵之庭諍。遺趾當前，澤及梓里，有為若是，感慕曷已。閣圯於火。

風俗

俗淳厚，人質嗇，市鎮反之；農工勤苦自勵，守舊不化，商家反之。智在商人，禮在鄉間。鄉人重祈報，禮佛仙，怯訟事，守樸直，禮教之風宛然猶存。在而富商争尚浮華，學子背其趨勢，好時者起，淳風替矣。

第四章　旅行篇

交通

陸道自繫鎮首程南行過南河渡達沔陽境東南行漢陽境東行八十里至漢口捷徑也北越淞湖分達天門應城諸縣惟漢水流貫東西水程最便小輪自漢口上行過繫鎮直達沔陽之仙桃航船上溯可達至川陝小輪由漢入江長江便利所在漢亦与焉米麥絲棉豆類木料藥材瓷器洋貨等運輸交售於川陝湘鄂贛皖滬上者多取道於此以故船舶帆接有如梭影汽輪往來日至五三襄河之利也

漢游一

時當盛夏漢之流急乘輪下駛如矢初發既至漢口旋登大别吞吐自如氣象雄傑志士於是乎呻吟墨客於是乎徘徊至可慨也拂袖遥去轉輪上

溯、時行三十里越六時過縣城、馳入本區兩岸綠樹崇隆、陰林帳日、萬卉鬥芳、天道發育、白屋連牆、茅廬間絲、人事爭榮、瞬息千載、河水沸騰、橫流逆折、洄旋相激、与輪爭力、軋浪鼓輪、如龍駕雲、繫鎮當前、乃辭輪而陸行、此程不過三十里、叢森如是、敢思三峽、湍瀾如是、敢思龍門、

漢游二

離輪登岸、步通衢、達委巷、左行數百步、岡阜遠迎、喧聲頓息、異香風引、滿眼入綠、乃知荷塘吐艷、野景着色、塘廣數十丈、長与街若、塘間有塍、如阡如陌、繞徑閒覯、不知所得、清風水生、新蓮絕潔、荷塘既竟、古寺特立、游人忘倦、告以憩息、

漢游三

越夏至冬、變態幾歷、草木養元、漢水涸竭、對岸可語、流靜映日、駕舟、扁發

鎮上、迎流澌瀝、寒風輕舞、水落岸出、藉茲考古墟埴壘呈墒壞異性、昔本黑礫、泥沙代墊、古澤令田、河徙自見、舟行十八里曰涂家灘、本區地盡於此、風景宜人、雪後尤趣、李師勤生詩、霓山殘雪照涂灘、繫纜登臨望眼寬、新柳萬絛舒嫩綠、人煙向晚送輕寒。

第五章　結論篇

對於鄉土之感觸一

漢川扼漢水下游、諸湖停滯、代受水患、本區地稱平坦、乃逐年淤積而成、所藉以維持賦命者、民垸堤防耳、大江盈科、河湖泛濫、堤亦未足恃也、淫雨淋洗、輒至潰決、夫治水者先治其委、下有所洩、斯上有所歸、百餘年前漢流至鍾祥以下、南岸分三大支津、徑自達江、未嘗与正流合、令則支津堙塞、下游正流、以一河受河四之水、出口如瓶、來源無量、下壅而上、欲通

豈水行其所無事之謂哉、

對於鄉土之感觸二

本區人口七八萬、富室甲全縣、庶矣富矣、教斯為急、貧而不教、敝至於愚、逸居而無教、則近於禽獸、若近於禽獸、守富且難、他遑論乎、第教有二法、一學校、一私塾、今則鎮僅小學一所、私塾三十有三、可觀者不過一二、其他或重教科、或讀經書、皆令學者食而不知其味、良可嘆矣、鄉人困於學校、圖巧者多經營教會、以求洋文、夫洋文足以利人、詩書可以長世、若好利而忘義、利得則心弛、心弛則悖理、其始敗己、卒也害俗、夫俗以善美、以利惡、反惡為美、其責誰歸、曰是在乎主持教育者、

本鄉土与本縣之關係

曩時縣北湖泊遼濶、萑葦蒙密、明代失防、盜賊每出沒其間、為害最甚、今

者湖縮草除北境少事而防亂策治則在縣南縣南山嶺崇深居民馴庸伏莽散處未易廓清一旦合力圖城不過三四時其功可竟且能夜出晝伏寄害於無形是故欲固縣城必備繫鎮蓋繫鎮障蔽東南羽翼縣治繫鎮無備欲保縣治難矣清咸豐五年粵匪蔓延於漢陽縣境常恩率兵禦賊於紗帽山賊由繫鎮襲攻其後兵悉大潰近年本境多事當道每取策於此其亦有所鑒耶

本鄉土與本省本國世界之關係

湖北縮國中樞南北國家有事爭在武昌武昌未足重也援兵屯漢口則武昌無寧日重兵據漢陽則武漢無寧日漢陽屏藩武昌坐鎮武漢是故欲守武昌必備漢陽脩漢陽當自湏口蔡甸以及漢川之繫鎮始蓋自繫鎮至漢陽水陸兩程不過一日而且川南多山有險可據若由川南集力

以窺漢陽、漢陽阻於江漢、勢成窮蹙、甲兵雖利、終必不守、漢陽失備、武昌
動搖、國中不寧、治安何望、由是長江梗塞、車輪失軌、交通不靈、洋商掣肘、
若然、則繫鎮之重要、豈徒關係本省本國之治安已哉、

漢川縣繫馬區地圖 附加本區与四鄰交通圖

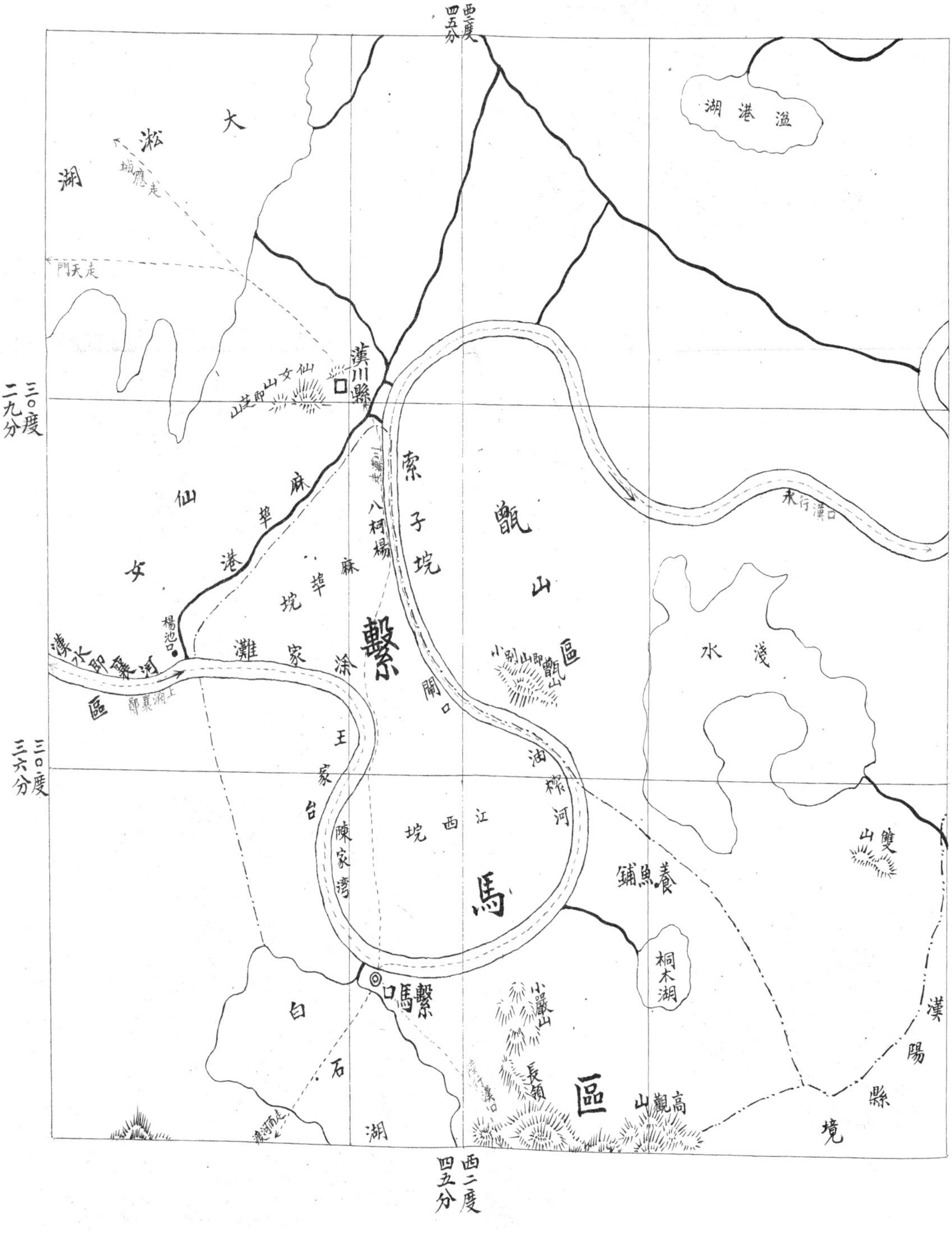

荆楚文庫

〔民國〕月山鄉土志

楊廷芳 撰

《荆楚文庫·方志編》編纂組

組　　長：賀定安　陽海清（執行）

副 組 長：劉傑民（執行）　王　濤　謝春枝　范志毅（執行）

參編人員（以姓氏筆畫爲序）：

王　濤　李云超　宋澤宇　范志毅　馬盛南　柳　巍　陳建勛

梅　琳　張文静　張雅俐　陽海清　彭余焕　彭筱激　賀定安

楊　萍　楊愛華　雷　静　劉傑民　謝春枝

編　　審：周　榮

顧　　問：沈乃文　李國慶　吴　格

前言

《〔民國〕月山鄉土志》不分卷，楊廷芳撰，民國間稿本。

楊廷芳，名東岩，字廷芳，號東來，湖北鄂州人，曾任湖北省教育廳督學，著有《左傳古音考》《史記假借字考》等。

據《〔同治〕大冶縣志》載：『月山在縣西月山堡，距城一百二十里，獨浮水中，風濤所摇，如半規涌出海上。』月山堡爲同治間大冶縣治五里十六堡之一，民國年間是志編纂時，月山屬武昌縣（今鄂州市）管轄，故是志稱其地理位置爲：『長江之南岸，位於武昌，據於梁湖。』楊氏同族世代聚居月山堡，編撰者認爲，楊氏一族自祖來兹，棲息於月山堡，以此土爲安樂窩，不能漠然視之不知所緣。况國家地理衹能就一國大勢述之，縣志亦未能得一鄉之詳實。編是志期許愛國始於愛鄉，治國始於治鄉。

是志相對獨立於縣志，多無所本，自成一脉。目次分七章，依次爲叙論、山川、人物、出産、風俗、學校、結論。叙論和結論多發編者胸臆，山川叙月山地理位置、得名由來及湖光山色，後附月山刻石八景名并咏景詩八首。人物載楊氏有功名者。出産記月山物産之魚、稻、麥、菱、菰，因月山四面環水，水鄉多出水産，以魚爲最大宗。風俗言本鄉人民各守生業、怡然自得之習性，後録楊廷芳自撰竹枝詞六首。學校述及月山自前清有鄉學一座，後拓張爲多所小學，又分化爲官私兩類，兩類學校課程不一，均以養成國民完全真知識、真精神爲宗旨。

《中國地方志總目提要》收録是志，《中國地方志聯合目録》載是志北京大學圖書館、上海圖書館有藏，二〇一三年《北京大學圖書館藏稀見方志叢刊》影印是志。兹據北京大學圖書館藏民國稿本影印。（楊愛華）

目録

楊廷芳

鄉土志 月山

鄉土志目次

鄉土志　月山

第一章　敘論

星雲相吸是娠地球洋海重環誕育中國山脈之綿亙河流之貫通風俗之變更政治之沿革農工商業之發達國家類有專書無容復綴今乃於其中最小之部分特為表章之毋乃近於詞費乎雖然茫洋百萬頃海揚其波矣灔瀲一碧江澄其流矣又不足而特產綠如太湖藍如洞庭之梁湖於武昌中部是此土此鄉有非偶然

而成者且人不能離地而生即地亦因人而顯愛國者必由愛鄉始而治國者亦必由治鄉始自吾祖以來衣於是食於是聚宮室於是凡所為飲水食毛視如衽席者皆以此土為安樂行窩也寧能漠如际之淡如置之而不知所自耶夫地理之書雖能研究山川風俗政等學然不過就一國之大勢而講求之至於一州一縣之狀況一邱一壑之情形或未能詳叙而殫述即如縣志之編集亦但取其皮毛未能詣其實際也又啚若朝斷

又昌著三句
久久老到

夕斯於此間最有關係之人為之一寫其真相耶湖山
重立吾愛吾廬故特為是書以補地理學之果及且以
俾愛國者知由愛鄉始而治國者亦必由治鄉始也凡
列　山川　人物　出產　風俗　學校　數子目備
述於次

第二章　山川

亞洲之東陸長江之南峙位於武昌據於梁湖偏於全
湖之一部分有所謂月山堡者是即余先世之卜居地

也、湖光四面、烟火一柱、一山挺出水中、距村前儘里許、團圞如半月形、即所謂月山也、先人夢平湖半月入懷遂卜居於此下有石洞一、相傳有仙人隱居此中、山上松木交蔭、與湖光相掩映、每值春水泛漲、四面碧波、輒如江上小姑、自寫其雲鬟霧鬢之態、山陽爲南湖、有小山浮出、號曰箕山、箕山之東數里、即村後地、有芳洲十數、曲折如雲、俗所謂浮雲捧月也、夾村有兩山、一南一北、兩峯相對、中間不過數里、均秀麗可觀、南山之陽爲張羅二家之居、稍東則古木陰翳林鳥嘈雜先人鄉環地也北山之陰有朝陽寺為風景幽邃之處迤西則斷岩絕壁如倚於水濱如棋枰狀滙其彼後者為樊川清流激湍映環繞如帶北川之北有南塘涇口等處綠陰蔽天菱荇交浮之地也川之南有磯寺矻立中流形勢頗優上有亭為湖人探勝之處南北兩山之間即余村一族之居面積不過二十平方里人口不過全省萬分之一竹籬茅屋風景常佳每春風淡蕩草綠如茵秋月玲瓏波光若鏡却

如一幅畫圖、悠悠樊湖如僕月山、獨攬得其勝矣、故先
人有八景刻石、列如次
南湖湧月　蘆洲漁火　金林鳥語　斷岩棋局
·西渡飛帆　蒿逕菱歌　磯寺鐘聲　遠岫雲屏
附詩
山肖月之形、水印月之影、長風湧淪漪、揉碎光千頃、
何損月分毫、天上仍如餅、南湖湧月
帆從何處來、帆從何處去、來去兩無休、日落西滿樹

遥聞挨舵聲茫茫隔烟霧　西渡飛帆

舟泊蘆花中人被寒烟裹烟破漏疏鐘幾點星星大
對景屬匏樽竟眠忘爾我　芦洲漁火

儂欲采菱花歡欲采菱角約唱采菱歌歡唱儂能學
驚起雙鴛鴦飛向汀前落　蒿涇菱歌

千章綠正濃百喙喧如許我正欲清談滿眼無儔侶
且携雙黄柑來共諸君語　全林鳥語

一聲起招提餘響嫋雲漢深省更何人客子魂先斷

曾記姑蘇城、寒山來夜半、磯寺鐘聲
練丹求長生、轉被楸枰誤、偶一判輸贏、千年等閒度
安得惜陰人、擲向長江去、斷岩棋局
千仞王屏風、晨夕烟雲繞、幾處敞朱門、屏大門嫌小、
我有天地廬、置之庭戶表、遠岫雲屏

第三章　人物

東山之老、謝安風流未泯、西湖之處、和靖梅鶴猶存、柳浪聞
鸎、王維歸隱、浣溪濯錦、工部能詩、如僕月山、淡淡之風

悠悠之水，亦應有清流獨拔之人物起而應山湖之秀
者，今攷之傳志，僅得數人焉。
一君衡，余之十一世祖也，幼英特不羣，年十五應童子
試第一。崇禎丁丑，草寇竊發，據保安及梁子鎮，官軍莫之
敢攖，公獨率其同族百餘人直搗賊營，遂得其渠魁，戮
之，並殺其黨數百人，餘悉平。朝廷授公副總府，扁其堂
曰威比韓范。公以武職累辭不就，隱居終焉。
一君宗，君衡公之弟也，幼端方，長佐君衡平賊有功，亦

欽授副總府長子兆信為楚王儀賓公恬淡性成不樂
仕進以辟穀終
一清溪余之高祖也幼聰慧八歲能文十歲取縣第七
名入學然卒數奇不第隱居教授門徒甚衆一時湖學
幾有關西夫子之稱著有清溪文集行於世
一慰農清溪公從弟也道光乙未科舉人授保康縣教
諭同治甲子復授襄陽府教授一時知名士多出其門
下其講學以教人讀書明理為要

一王孫尉農公四子也性寬恕淡泊寡慾光緒乙亥科舉人揀選知縣以漠於仕進家居講學一壽田王孫公季弟也性嚴正才尤敏捷對客揮毫下筆輒數千言不無不歎服為奇才者徒以懷才不遇槖筆於大江南北晚年以歲貢生授業於鄉講古文學當時復有章民邑庠生鶴村邑庠生海門邑庠生禹村稟貢生香谷稟生膘環渠歲貢生石卿邑庠生諸公積學綴文著述宏富淵源所及頗極一時之盛自清溪公迄今入學無祘即茲以偏幅之限不備述

鄂城之張濂卿與僕居毗連、亦由僕家學淵源而特臻其絶頂者、濂卿慰農公弟子、清溪公再傳之弟子也今者濂卿之學幾徧海內、而諸公輒泯然無聞、蓋亦有幸有不幸耶、

第四章 出產

青峯數點、茅屋幾椽、黑子彈丸之區、似無出產之可言者、然居係水鄉、實饒水利、攷每年所出、寔不啻在數百里樊湖內占一獨優之分子、蓋每年出產以魚為大宗、更攷其數、歲不下萬石、或潛取、或網撈、種種不一也、其

味極鮮美，較之松江鱸鱠為尤佳，即古所稱武昌魚者是也。魚產之外，復有菱菰兩種，綠葉交陰，蔽浮水面，每值新秋，采者無穫者甚眾，蓋由不種而穫，亦屬取之無禁也。村後有稻田百餘區，歲出不下千石，麥地數十區，歲出亦不下數百石。古人所云釣雨耕雲、漁山樵水者，如僕鄉殆可以當之矣。茲列出產表如次：

出產	數目
魚	一〇五〇〇

稻	麥	菽	菰
二一〇〇〇	六八〇	九〇	六〇

以上所列不過就平常年所出之推廣至村居之外猶有青洲荒奄之田無數若能勤於墾闢種以稻麥桑麻之屬則昔日之荒榛斷梗今日皆成為阡陌沃腴之區矣出產之優又奚止十倍於今日耶

第五章　風俗

風俗之現象視人民程度與地勢爲差異北帶之俗樸以質中帶之俗文以恩南帶之俗剛健而有獨立之風若吾鄉之俗則何如也地處江左寔承文化之聲位置湖心史挹山川之秀故其人文雅而無輕薄之風其俗清淳而無野蠻之習又因先人遺教所及頗饒一種節義之氣每男女種作雞犬相聞儼如桃源中人黃髮垂髫無不怡然自樂者唯每年演劇至少須一次糜費鉅

千頃涉者麗然亦因其力財有餘借此以為同族之相娛非徒恒舞酣歌於室者比也至歌樓舞館矗立湖心管絃絲竹之聲直達於清流碧波中則又重為湖山韵矣余有竹枝詞數首錄之如下

淡淡輕風漠漠烟竹籬茅屋碧溪前淮南雞犬分明在畫出桃源小洞天

桃李春風一例開庭前問字有人來玄亭酒煖經還熟爭說承平好秀才

筆牀茶竈便為家春日桃源日易斜買得樵青作僮
約一湖雲水即生涯
清風吹送采菱船十里菱花即種田還有月明書畫
舫未容歸去五湖烟
人間何地置無愁一曲笙歌起畫樓疑是雲裳天際
聽隔山還唱古涼州
攸居吾亦愛吾廬楊柳迎風似畫圖世界曾無乾淨
土人間留得一西湖

觀舊作竹枝詞可以知風俗之大概矣但近年以來士人多尚清談遺實際而普通人民復因生活容易遂少一種勤苦耐勞堅忍獨立之風此最為風俗缺點是不可亟圖補救者也

第六章　學校

國學鄉黌古有明制學校之設立為地方關係之最重要吾族自前清以來即設有鄉學一座其基址在祖祠間壁中奉文宣王像每年釋奠一次春風絃續琴韻鏗

然、湖之人士所為執經崖門繹絡不絕者也、近百年來、學術日盛、風氣大開、家法師承、淵源頗廣、遂由一鄉學中拓張為多數小學、光緒三十一年、即設官立小學於朝陽寺側、其規模一切悉做縣學制度、此外復有私立高初兩等小學、基址不一、官立小學、以 國文 脩身 祘術 英文 歷史 地理 體操 音樂 為普通功課、私塾則注意經史之學、餘皆其隨意課也、然均以養成國民完全之真知識真精神為宗旨、每因丁祭之期輒借以爲研究教育之方法近又議建藏書樓並公園一所以爲休息游觀地惜乎經費不足議頓中止若更加以組織拓張多購書籍設立公所借以爲講學論道之區一如鵞湖鹿洞之往事則湖學之興又不在洋洋數千里揚子江流域放一異彩耶

第七章　結論

上述數種皆就現今之狀況略爲表章至學術之進步風俗之改良實業之振興則願同族諸公皆負一分

之責任、故吾不願月山為月山之月山、而願月山為中國之月山、且吾不願月山僅為中國之月山、而並願月山為全球之月山、凡世界各國稍具知識、皆知有月山其地者、為華族最文明之一部分、此非故為誇大之言也、人人能如此存心、力求拓張進步、則勢力澎漲、且不至如盎格魯撒遜民族足跡徧於日所出入之地不止、又況聚族而成鄉、聚鄉而成國、一族之拓張如是、一鄉之拓張復如是、則四萬萬之人種、二萬萬里之幅員、行將徧於全地球上、不惟稷黑各種無以立足、即所稱最盛如白種人者、亦恐無飲水之餘地也、是即余之焚香祝天引領而企望者矣、亦即余之胼手胝足先憂後樂日夜淬厲者矣、